lonely planet

DE CERCA
BUDAPEST

Kata Fári y Steve Fallon

Sumario

Arriba: comida callejera, Budapest.
Abajo: Bastión de los Pescadores (p. 42).

DESDE ARRIBA IZDA.: TSUGULIEV/SHUTTERSTOCK ©, ZGPHOTOGRAPHY/SHUTTERSTOCK ©

El viaje empieza aquí

¿Sabes cuándo miras a alguien que conoces de toda la vida y, en una fracción de segundo, te das cuenta de lo guapo que es y te enamoras repentinamente? Pues eso es lo que me pasa cuando cruzo un puente en Budapest. En mi historia de amor con esta ciudad me he bañado en balnearios impresionantes, he perdido noches en bares ruina, he caminado por las colinas de Buda, he leído en cafeterías centenarias y he navegado por el Danubio, qué romántico. Me encanta Budapest porque es elegante, histórica, bohemia e imprevista al mismo tiempo, y aunque me la conozco al dedillo, no deja de sorprenderme.
— *Kata Fári*

Kata Fári
@kata.fari
Kata forma parte de nuestro equipo de expertos en viajes. Reside en Budapest y canta las alabanzas de los mejores sitios del mundo en línea y sobre el papel.

Steve Fallon
steveslondon.com
Steve es un escritor de viajes y London Blue Badge Tourist Guide oficial. Es un prolífico colaborador de Lonely Planet y ha trabajado en todas las ediciones de nuestras guías de Budapest y Hungría.

Szimpla Kert (p. 124).

LO MEJOR

Baños termales

Sus famosas, elegantes y espléndidas casas de baños hacen de Budapest la "capital mundial de los balnearios", lugares donde liberarse del estrés y de las preocupaciones en cálidas y tonificantes aguas ricas en minerales.

Un cálida piscina al aire libre, rodeada de fachadas amarillas, y partidas de ajedrez en el agua: los **Baños Széchenyi** son tan épicos como aseguran. (p. 139; foto)

Subir al *jacuzzi* de la azotea con bonitas vistas de Pest en los **Baños Rudas,** en pie desde la conquista turca de Hungría. Días segregados por sexos y baños nocturnos los fines de semana. (p. 58)

Ver una joya *art nouveau,* los **Baños Gellért,** donde bañarse es como un ritual digno de un rey. (p. 52; foto)

Sanar en los **Baños Lukács,** una plácida alternativa a los lugares más abarrotados. (p. 73)

Remojarse en los **Baños Veli Bej,** menos concurridos que los más conocidos y una opción respetable que aúna encanto histórico y comodidades modernas. (p. 73)

Dcha.: Baños Széchenyi (p. 139).

LO MEJOR

Museos principales

Los museos de Budapest, alojados en edificios asombrosos, sondean en el arte y la historia de Hungría y más.

Ver las obras más importantes del arte húngaro en la **Galería Nacional de Hungría.** (p. 39)

Contemplar grandes obras de artistas como Rafael, El Greco y Goya en el **Museo de Bellas Artes.** (p. 138)

Conocer en el **Centro Conmemorativo del Holocausto** cómo creció el antisemitismo en Hungría que condujo al genocidio de judíos y romaníes. (p. 129)

Repasar la historia de los magiares y de Hungría desde la conquista del s. IX a la caída del comunismo en el **Museo Nacional Húngaro.** (p. 130)

Descubrir siglos de historia de la música, desde las percusiones chamánicas a las bandas sonoras, en la **Casa de la Música.** (p. 141)

Conocer la historia de Budapest en el **Museo del Castillo.** (p. 36)

Museo de Bellas Artes (p. 138).

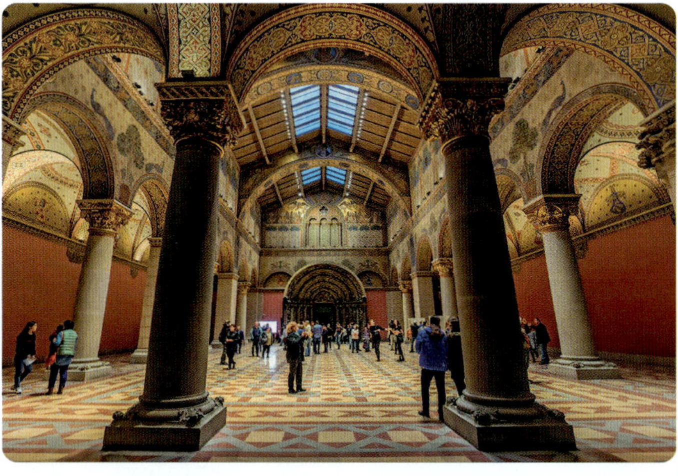

LO MEJOR

Locales nocturnos

Desde bares ruina a azoteas y encantadores bares de vinos, hay un sinfín de sitios donde disfrutar de la incombustible, curiosa y divertida vida nocturna de Budapest. He aquí algunos que podrían ser un fabuloso punto de partida.

Sumergirse en los bares ruina (un fenómeno de Budapest) en edificios destartalados, desde el decano de todos ellos, **Szimpla Kert** (p. 124; foto), al siempre curioso **Csendes Létterem** y al moderno **Púder Bárszínház.**

Salir de fiesta hasta el alba en **Instant-Fogas,** fusión de dos bares ruina y el más grande de la ciudad, con decenas de salas. (p. 124)

Buscar discotecas, karaoke, vino húngaro, tapas y demás en **Gozsdu Courtyard,** un pasaje nocturno siempre animado. (p. 121; foto)

Disfrutar de unas vistas extraterrenales desde el **360 Bar** (p. 125), en una azotea. Las vistas son igual de asombrosas en el **St Andrea Skybar,** pero hay menos gente.

Asistir a un concierto en la sala más *cool* de la ciudad, **A38,** un carguero ucraniano fuera de servicio. (p. 60)

LO MEJOR

Monumentos históricos

Aunque toda Budapest es una preciosidad, hay lugares
emblemáticos y monumentos históricos que gustan
a todo el mundo y que hay que ver.

Embobarse con la joya que corona
la colina del Castillo, el **Palacio
Real,** que se eleva imponente sobre
Budapest. (p. 36; foto)

Disfrutar de un curso intensivo de
historia húngara en la emblemática
plaza de los Héroes. Por la noche
es majestuosa. (p. 138; foto)

Visitar el **Parlamento,** una de las joyas
arquitectónicas de la ciudad, arcón
de obras de arte y de la Corona
de San Esteban. (p. 90)

Hacer bonitas fotos de Pest desde
el **Bastión de los Pescadores,** digno
de un cuento. (p. 42)

Ver la reliquia más venerada de
Hungría, la mano momificada del
rey san Esteban, en la **basílica
de San Esteban.** (p. 92)

Participar en un circuito diurno por
la neorrenacentista **Ópera Nacional
de Hungría,** impresionante por dentro
y por fuera. (p. 97)

Dcha.: Bastión de los Pescadores (p. 42).

LO MEJOR

Experiencias al aire libre

Tanto si gustan los paseos por jardines cuidados, las excursiones por colinas pintorescas, la espeleología, gritar en una lancha rápida o mojarse los pies en el Danubio con una copa en la mano, Budapest lo ofrece.

Pasear por la bonita **isla Margarita,** con sus enormes zonas verdes, piscinas, un balneario termal, jardines y ruinas antiguas. (p. 101)

Disfrutar de las excursiones y de los miradores en las **colinas de Buda,** donde está el punto más alto de Budapest. (p. 72; foto)

Recorrer los lugares más espléndidos de la capital a 80 km/h en la lancha de **RedJet.** (p. 58)

Instalarse en el **parque de la Ciudad,** con numerosos lugares de interés y rincones para un pícnic, instalaciones deportivas, parques infantiles y una pista para correr. (p. 138)

Ver estalactitas y cristales en fascinantes visitas guiadas por cuevas naturales como **Pál-völgy** o **Szemlő-hegy.** (p. 72)

Relajarse junto al río en **Római-part,** al norte de la ciudad, conocido por su ambiente plácido. (p. 74; foto)

Patinaje sobre el hielo,
lago Városliget (p. 140).

LO MEJOR

Paraísos invernales

Santa Claus llega pronto a Hungría (6 diciembre) y Budapest
está en modo festivo todo el mes con mercados navideños,
pistas de hielo para patinar y lucecitas de colores por doquier.

Visitar el mejor mercado navideño
en la céntrica **Vörösmarty tér,**
con artesanías y emblemáticas
exquisiteces invernales y también
eventos; hasta la Joulupukki (cabra
de la Navidad) finlandesa pasa
por allí. (p. 144)

Disfrutar de espectáculos nocturnos
de luz sobre la fachada de la **basílica
de San Esteban** durante la Feria del
Adviento de la Basílica. (p. 92)

Ver las atracciones más fabulosas
de la ciudad en el **tranvía 2** que,
en diciembre, circula repleto de
lucecitas LED. (p. 25)

Patinar en el **lago Városliget,** que,
en invierno, se convierte en la pista
de hielo al aire libre más grande de
Europa, con sus lucecitas navideñas,
su vino caliente y especiado y su
música evocadora. (p. 140)

ALIZADA STUDIOS/SHUTTERSTOCK ©

Memento Park (p. 62).

LO MEJOR

Recuerdos comunistas

Budapest conserva recuerdos de la Hungría bajo la influencia soviética desde finales de la II Guerra Mundial pasando por la Revolución de 1956 hasta la caída del Telón de Acero en 1989.

Contemplar las estatuas de líderes comunistas y propaganda retiradas de las calles en el **Memento Park.** (p. 62)

Conocer la historia de Hungría tras la II Guerra Mundial en la **Casa del Terror,** en los antiguos cuarteles de la policía secreta comunista. (p. 115)

Descubrir cómo era la vida en la época soviética en el divertido **Museo Retro Interactivo de Budapest.** Ver una casa típica o sentarse en un Lada. (p. 97)

Ver la hoz y el martillo cercados por la corona de laurel y la gran estrella dorada del **monumento al Ejército Soviético** de Szabadság tér. (p. 95)

Visitar el **cementerio de Kerepes,** hogar del Panteón al Movimiento Obrero y la tumba del antiguo líder comunista János Kádár. (p. 134)

Comprar desde carteles propagandísticos a relojes del Ejército soviético en **Ecseri Piac.** (p. 135)

Lo mejor para niños

Visitar el enorme **Zoo de Budapest** para ver las 1000 especies de animales y hacer lo posible por coincidir con las muchas sesiones de alimentación. (p. 140)

Pasar zumbando por algunos de los mejores lugares para excursiones de las colinas de Buda en el **Tren de los Niños,** operado casi exclusivamente por niños en bonitos uniformes. (p. 69)

Darse una vuelta por el **parque de la Ciudad** para encontrar zonas infantiles chulas, a destacar una donde los críos pueden aprender las normas de circulación. (p. 138)

Montar en la **Noria de Budapest** para disfrutar de unas vistas impresionantes de Pest y del Danubio hasta Buda. De noche impresiona. (p. 82)

Chapotear en **Aquaworld,** uno de los mayores parques acuáticos de Europa, con piscinas con toboganes y saunas abiertas todo el año. (p. 103)

Lo mejor gratis

Disfrutar de una agradable y corta excursión por una senda boscosa hasta la cima de la **colina de Gellért,** uno de los mejores miradores en Budapest. (p. 54)

Subir las escaleras Habsburgo hasta el **Palacio Real** para pasear por el recinto y los jardines, disfrutando de monumentos maravillosos y vistas increíbles. (p. 36)

Ver la emblemática **plaza de los Héroes,** que impresiona más por la noche. (p. 138)

Caminar por la calle **Duna korzó** para ver lugares emblemáticos como el Parlamento, el puente de las Cadenas y el Palacio Real. (p. 81)

Tomar fotos desde el **Bastión de los Pescadores;** solo se cobra entrada para acceder al mirador superior. (p. 42)

Tres días perfectos

La arquitectura, los baños termales, la vida nocturna y el encanto del viejo mundo se mezclan con la energía moderna en Budapest. ¿Un café antes de salir a la calle, como hacen los lugareños?

Vista del Parlamento desde el Bastión de los Pescadores (p. 42).

PRIMER DÍA

Si solo se dispone de un día

MAÑANA

Se pasa la mañana en la colina del Castillo admirando las vistas desde el **Palacio Real** (p. 36) y el **Bastión de los Pescadores** (p. 42). En la zona hay varios museos; destacan la **Galería Nacional de Hungría** (p. 39) y el **Museo del Castillo** (p. 36).

TARDE

Después de almorzar, se sube a la **colina de Gellért** (p. 54) para contemplar las vistas y el emblemático **monumento a la Libertad** (p. 54). Después se puede disfrutar en los maravillosos **Baños Gellért** (p. 52).

NOCHE

Se termina el día con un crucero nocturno por el Danubio (foto) para disfrutar del **Parlamento** (p. 90), el Palacio Real, el **puente de las Cadenas** (p. 42) y otros lugares cautivadores.

SEGUNDO DÍA

Un fin de semana

MAÑANA

Se pasea por la arbolada Andrássy út, pasando por la **Ópera Nacional de Hungría** (p. 97), hasta la **plaza de los Héroes** (p. 138) y el **parque de la Ciudad** (p. 138), o se toma el entrañable **Metro del Milenio** (p. 82).

TARDE

Para una tarde didáctica, se puede ir a la desgarradora **Casa del Terror** (p. 115; foto) o al increíble **Museo de Bellas Artes** (p. 138). Otro plan es ir al parque de la Ciudad y conocer el **Zoo de Budapest** (p. 140) o los **Baños Széchenyi** (p. 139).

NOCHE

Se visita una cafetería histórica como el **New York Café** (p. 120) y, después, los bares ruina de Erzsébetváros como **Szimpla Kert** (p. 124) y clubes como el cubano **Havana** (p. 125).

TERCER DÍA

Una escapada

MAÑANA

Se empieza el día en **Nagycsarnok** (p. 133; foto) para descubrir productos frescos, artesanías y especialidades húngaras. Después, un paseo por **Duna korzó** (p. 81) para embobarse con los puentes de la ciudad.

TARDE

Se dedica un buen rato a conocer tesoros históricos: el **Museo Nacional** (p. 130), la **Gran Sinagoga** (p. 114; la más grande de Europa) y la **basílica de San Esteban** (p. 92).

NOCHE

En el bastión de la gastronomía húngara, **Gundel** (p. 139), se prueban exquisiteces y después se disfruta de un concierto en un entorno elegante como el de la basílica, la **Ópera Nacional de Hungría** (p. 97) o la **Academia de Música Ferenc Liszt** (p. 120), o en el antiguo carguero **A38** (p. 60).

Con más tiempo

Se va hasta el evocador Óbuda (p. 65) y se visita el **Museo Victor Vasarely** (p. 73) de *op art*, el idiosincrásico pero encantador **Museo Húngaro del Comercio y el Turismo** (p. 74) o las ruinas romanas y museo de **Aquincum** (p. 68). Para el almuerzo, magistrales platos magiares en los rústicos comedores del **Kéhli Vendéglő** (p. 75).

Se asciende a las **colinas de Buda** (p. 70) para montar en el **Tren de los Niños** (p. 69) y visitar el **mirador de Isabel** (p. 72), el punto más alto de las colinas. Hay especialidades húngaras como *lángos* (masa frita) o *rétes (strudel)* en **Normafa** (p. 72). Se regresa en telesilla a la ciudad.

Por la noche, se asiste al espectáculo de la **fuente musical** (p. 105) en la isla Margarita y después se va a un bar de azotea en el centro urbano como **360 Bar** (p. 125) o **St Andrea Skybar** (p. 85).

Mirador de Isabel (p. 72).

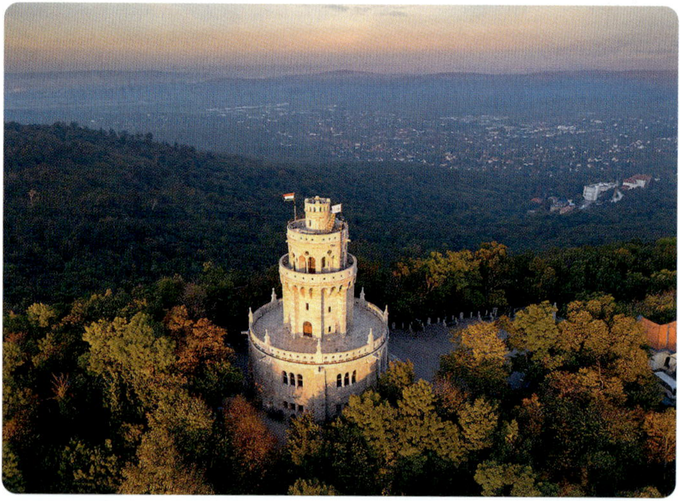

KURKA GEZA COREY/SHUTTERSTOCK ©

Una excursión

Aunque solo está a 15 min del centro, el **parque de la Ciudad** (p. 138) bien merece un día entero. Alberga la **plaza de los Héroes** (p. 138), la más famosa de Budapest, los **baños Széchenyi** (p. 139), conocidos en todo el mundo, el **castillo de Vajdahunyad** (p. 138), históricamente falso pero de cuento, el **Zoo de Budapest** (p. 140; foto) y algunos museos exquisitos. Lejos de las grandes atracciones hay divertidos parques infantiles, instalaciones deportivas, bonitos cafés, perros monísimos y mucho espacio verde. El parque de la Ciudad acogió buena parte de las celebraciones del milenio de Hungría allá en 1896, pero en años más recientes el polémico proyecto Liget Budapest ha llevado a cabo algunas renovaciones en el lugar.

En un día de lluvia

En Budapest hay muchas galerías y museos asombrosos. Los estelares son el **Museo de Bellas Artes** (p. 138), la **Galería Nacional de Hungría** (p. 39), el **Museo del Castillo** (p. 36) y el **Museo Nacional Húngaro** (p. 130). Destacan como curiosos la **Casa del Terror** (p. 115), el **Museo Hospital de la Roca y búnker nuclear** (p. 42) y el **Museo Húngaro del Comercio y el Turismo** (p. 74).

Mantenerse a cubierto en la **basílica de San Esteban** (p. 92), la **Gran Sinagoga** (p. 114; foto) o la **sinagoga de la calle Rumbach** (p. 117).

El interior de los **baños Gellért** (p. 52) es imponente, aunque apalancarse en una cafetería histórica como el **New York Café** (p. 120) también es maravilloso.

19

Prepararse

Costumbres

La puntualidad es importante. Si uno recibe una invitación o reserva en un restaurante tiene que llegar a la hora.

El saludo más habitual es el apretón de manos, firme sin ser muy fuerte. Los amigos y la familia se dan dos besos en la mejilla.

Decir *"¡Egészségedre!"* ("a su salud") al chocar las copas y mirarse a los ojos. Algunos húngaros se niegan a chocar con copas de cerveza porque así es como los austríacos celebraron la sofocación de la Revolución de 1848.

'Hungarikums'

Hungría tiene *Hungarikums:* productos, costumbres o valores únicos, culturalmente significativos y reconocidos a nivel nacional por encarnar la esencia del acervo húngaro. Pueden ser comidas y bebidas, prácticas agrícolas, arte popular, tradiciones, inventos e incluso fenómenos de la naturaleza. Por ejemplo: *lángos* (masa frita), *pálinka* (aguardiente de frutas), *gulyás (goulash),* vinos Tokaj, porcelana Herend, *teqball,* el cubo de Rubik y salami PICK. Algunos son buenos recuerdos para llevar a casa, pero otros es mejor probarlos en Budapest.

Conviene saber

Budapest tal y como se conoce hoy nació el 17 de noviembre de 1873, con la fusión oficial de tres ciudades. Buda es serena, montañosa y con historia; Pest es llana, animada y frenética; y Óbuda es sosegada.

En la Ciudad de los Balnearios se recomienda conocer el protocolo en los baños termales. Hay que llevar bañador, toalla, chanclas y gorro de baño, ducharse y atarse el pelo por detrás antes de entrar a las piscinas y no levantar la voz. Se desaconseja bañarse en aguas termales a mujeres embarazadas y a niños menores de 14 años; los baños **Rudas** y **Veli Bej** ni siquiera permiten la entrada a los niños.

Algunos museos y lugares de interés cierran los lunes. El servicio en tiendas y taquillas a veces es lento y antipático. No es algo personal ni refleja cómo son los húngaros en general.

PROPINAS

Muchos restaurantes añaden el 12% por el servicio en la cuenta. Si no está incluido, se deja propina al camarero diciéndole el total que se va a pagar.

 10%

Restaurantes y cafés

 5-15%

Bares y 'pubs'

 Redon-deo

Taxis
Por un buen servicio

 No habitual

Personal de hotel
No lo espera

PRESUPUESTO DIARIO

Económico Menos de 15 000 HUF

- Cama en un albergue: **desde 3000 HUF**
- Plato del día o comida callejera: **desde 2000 HUF**
- Billete de transporte público (24 h): **2500 HUF**
- Atracciones económicas: **desde 1000 HUF (algunas son gratis)**

Medio 15 000-50 000 HUF

- Hotel de tres estrellas o Airbnb: **desde 10 000 HUF**
- Comida en un restaurante de precio medio: **desde 8000 HUF**
- Billete de transporte público (72 h): **5500 HUF**
- Entrada a atracciones populares: **desde 3000 HUF**

Alto Más de 50 000 HUF

- Hotel de cinco estrellas: **desde 60 000 HUF**
- Comida en un buen restaurante: **desde 40 000 HUF**
- Trayecto en taxi: **desde 4000 HUF**
- Circuito privado: **desde 10 000 HUF**

Moneda
Forinto (HUF)

Idioma
Húngaro

Hora local
Hora de Europa central (GMT/UTC +1 h)

CONSEJO

Para ahorrar, se puede comprar la Budapest Card, que da acceso gratuito a algunas atracciones, museos y baños termales e incluye ventajas como un crucero por el Danubio.

📅 Cuándo ir

Cualquier estación es buena para visitar Budapest porque todas tienen algo especial, desde paraísos invernales y baños de ensueño a animados clubes ajardinados.

La capital se llena más en verano, cuando siempre hay algo por hacer: cine al aire libre, pícnics, tomarse unos *fröccs* (vino blanco con soda) en una terraza, pero también durante la época navideña, cuando el espíritu festivo impregna la ciudad y los mercados pueblan cada esquina. En las temporadas medias, el clima es agradable, los precios más razonables y hay menos gente en museos y lugares históricos. En primavera, Budapest florece sin complejos, y en otoño explota en rojos, amarillos y castaños.

Los más exitosos

Junio **Pride** (p. 148) es la mayor celebración LGTBIQ+ de Hungría y llena la capital con diferentes eventos durante varias semanas. Un concurridísimo y multicolor desfile cierra las festividades y desemboca en un fiestón Rainbow Party en el parque de Budapest.

Agosto El **Sziget Festival** (p. 72) se celebra en una isla de la ciudad. La "isla de la Libertad" ofrece desde cabezas de cartel a pequeñas bandas locales e internacionales, espectáculos circenses, un parque de atracciones ambulante e incluso *puenting*.

Septiembre Las casetas de madera distribuidas alrededor del Palacio Real sirven los mejores tintos, blancos y espumosos del país, pero también bastantes vinos extranjeros, durante el elegante **Festival del Vino en Budapest.**

Diciembre Los mercados navideños de Budapest son de los mejores

Clima

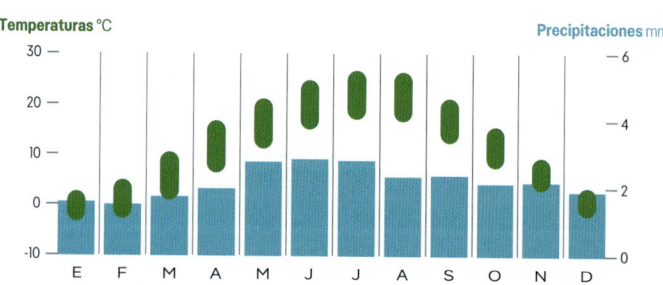

Temperaturas °C

Precipitaciones mm

NP/SHUTTERSTOCK ©

Budapest Pride (p. 148).

de Europa, y los principales están en **Vörösmarty tér** (p. 81) y delante de la **basílica de San Esteban** (p. 92). Engalanados con decoración festiva venden artesanías y platos tradicionales húngaros.

Genial y curioso

Mayo **Budapest100** celebra el patrimonio arquitectónico de la ciudad. Durante este día, muchos edificios destacados abren sus puertas al público, con circuitos y actos.

Mayo/junio Para ver **la vie en rosé** (vida en rosado), hay que ir con la familia al **parque de la Ciudad** (p. 138) durante el **Festival Rosalia de Vinos Rosados y Champanes** que ofrece refrescantes rosados y champanes.

Junio El fin de semana más próximo al solsticio de verano, muchos museos de Budapest abren fuera de horas durante la **Noche de los Museos.** Se ofrecen actos especiales, espectáculos y visitas guiadas.

Agosto En el **Palacio Real** (p. 36), el **Festival de Arte Popular** es la mayor feria de arte folclórico de Hungría, con artesanos patrios y extranjeros que venden cerámica, tejidos, tallas de madera, etc.

CONSEJOS SOBRE ALOJAMIENTO

El alojamiento es más caro en verano y en Navidad, pero también durante los grandes eventos, así que si se viaja a Budapest para algo en concreto conviene reservar con mucha antelación. Las mejores ofertas son en noviembre, enero y febrero, pero los principales monumentos y atracciones suelen limitar horarios.

✈ Cómo llegar

Casi todos los visitantes entran a Hungría por Budapest. La mayoría lo hacen en avión, pero también se puede llegar en autobús o tren desde ciudades de toda Europa.

Del aeropuerto al centro urbano

Autobús lanzadera (100E)

El **autobús nº 100E** comunica el aeropuerto con el centro urbano, con paradas en Kálvin tér, Astoria y Deák Ferenc tér, que es un importante núcleo de transporte en el corazón de Budapest. Circula cada 5-10 min (aprox.) durante el día, cada 10-15 min a primera hora de la mañana y cada 30-40 min por la noche. Tarda 30-45 min, según el tráfico. Los billetes cuestan 2200 HUF y se venden en las máquinas expendedoras situadas fuera del aeropuerto, o a través de la *app* BudapestGO.

Autobús público (200E)

El **autobús nº 200E** conecta el aeropuerto con la estación de metro de Kőbánya-Kispest, donde se puede tomar la línea 3 (azul) hasta el centro urbano. El metro para en puntos clave como Deák Ferenc tér, Nyugati pályaudvar y Ferenciek tere, y pasa cada 10 min durante el día y a intervalos un poco más espaciados de noche y por la mañana. El trayecto dura 40-60 min, y se necesita un billete normal de transporte público para embarcar.

Taxi

La parada oficial de taxis de **Főtaxi,** la compañía oficial del aeropuerto de servicio de taxi, está delante de la terminal. Por norma general solo hay que esperar un par de minutos. El trayecto dura 25-40 min y cuesta 10 000-15 000 HUF.

Otros puntos de entrada

Tren

La principal estación internacional es **Keleti** (p. 123), aunque hay otras estaciones como **Nyugati** (p. 123) y **Déli.** Las tres están conectadas a líneas de metro con paradas de igual nombre; los autobuses nocturnos sustituyen al metro cuando este cierra.

> **Autobús**
> Las estaciones principales son **Népliget** y **Puskás Ferenc Stadion,** ambas conectadas con el metro (M3 y M2 respectivamente) y con el tranvía nº 1.

Cómo desplazarse

Recorrer Budapest a pie es muy fácil y quien lo haga vivirá una gran experiencia. El transporte público tiene buenas conexiones y es frecuente y fiable; los tranvías, los autobuses y las cuatro líneas de metro van a todas partes. Los sistemas de bicicletas y patinetes eléctricos compartidos también son una buena opción.

Metro

Budapest cuenta con cuatro líneas subterráneas de metro (foto de abajo) que circulan básicamente por el lado de Pest, pero la línea roja M2 lo conecta a Buda. El metro funciona de 4.30 a 23.30.

Tranvía

Los tranvías son rápidos y agradables. Entre las líneas destaca el panorámico tranvía nº 2 (foto dcha.) que, de paso, ofrece un "recorrido turístico" por el sector de Pest. Al otro lado del Danubio, los tranvías nº 19 y nº 41 hacen lo mismo en Buda. Los prácticos y frecuentes nº 4 y 6 parten del sur de Buda y recorren la Gran Carretera de Circunvalación de Pest hasta Széll Kálmán tér, en Buda.

Autobús

Una amplia red de autobuses, con más de 270 rutas día y noche, da servicio al área metropolitana de Budapest. En algunas líneas, el autobús lleva una "E" de "exprés" después del número y hace menos paradas. Circulan de 4.30 (aprox.) a 21.00-23.50, según la ruta. De 23.50 a 4.30, los nocturnos (empiezan con un 9) pasan cada 15-60 min, según la ruta.

─── **'APP' ESENCIAL** ───

Los billetes y bonos se pueden comprar, guardar y validar en la *app* **BudapestGO.**

HÉV

Hay cinco líneas de trenes suburbanos HÉV: al norte, desde Batthyány tér, en Buda, pasando por Óbuda y Aquincum hasta Szentendre, al sur hasta Csepel y Ráckeve, y al este hasta Gödöllő. Estas líneas van de la H5 a la H9.

Taxi

Los taxis están regulados y tienen precios razonables para los estándares europeos. Entre las compañías reputadas están Bolt, Fő Taxi, Uber y City Taxi. No hay que pararlos en la calle. Hay que ignorar a los engatusadores que esperan delante de los populares lugares de fiesta; en su lugar hay que llamar a una compañía de confianza. Los taxis deben tener una placa de identificación en el salpicadero, el logo de la compañía a la vista por fuera del vehículo y una tabla con las tarifas en la ventana.

Bicicletas compartidas

Funcionan con la *app* **MOL Bubi** para recoger/dejar bicicletas en cualquier estación verde de Budapest (hay muchas). La *app* **Lime** es para patinetes eléctricos.

Transporte público

Billetes y bonos

BKK *(bkk.hu)* gestiona la red de transporte público de Budapest y tiene un sistema tarifario integrado. Los billetes y bonos diarios o mensuales se venden en las máquinas de las estaciones o en la *app* BudapestGO (incluyen metro, tranvía y autobuses). En los HÉV, los billetes y bonos normales solo sirven para moverse dentro de la ciudad, para salir de Budapest hay que comprar otro billete. Se venden billetes sencillos, otros de 30 min y 90 min o bonos para más tiempo. Para comprar un bono mensual, se pide un documento de identidad, que hay que llevar consigo cuando se utilice el bono. Los menores de seis años y los mayores de 65 viajan gratis, y los estudiantes con carné de estudiante válido de la UE obtienen descuentos.

Validación de billetes

Siempre hay que validar el billete. En las estaciones de metro y en los tranvías y autobuses hay máquinas para validar los de papel; solo hay que introducirlos en la máquina. Los billetes y bonos digitales vienen con un lector de código QR que se puede utilizar para escanear los códigos QR expuestos en las máquinas de las estaciones de metro o a los lados de autobuses y tranvías. Hay que escanear el código QR hasta que una animación aparezca en la pantalla del dispositivo del usuario.

Revisores

En Hungría los revisores ataviados con brazalete pueden aparecer a cualquier hora y en cualquier sitio, incluso al final de las escaleras mecánicas antes de salir del metro, por lo que se recomienda conservar el billete validado hasta el final del trayecto. Algunos autobuses, sobre todo los fines de semana, solo permiten embarcar por la puerta de delante, en cuyo caso se debe mostrar el billete validado al conductor.

PRECIOS

Billete sencillo
450 HUF

Billete lanzadera del aeropuerto
2200 HUF

Bicicleta compartida MOL Bubi
40 HUF/min

IMPAGO DEL BILLETE

La multa por viajar sin un billete válido es de 12 000 HUF, que se paga al momento o en el plazo de dos días.

BILLETES

Billete sencillo	450 HUF
Taco de 10 billetes	4000 HUF
Billete de 30 min	530 HUF
Billete de 90 min	750 HUF
Billete de 24 h	2500 HUF o 5000 HUF para un grupo de 5 personas máx.
Billete de 72 h	5500 HUF
Bono para medio mes (15 días)	5950 HUF
Bono mensual	8950 HUF

ZONAS TARIFARIAS

Budapest no las tiene. La red de transporte público abarca toda la ciudad en una única zona tarifaria, de modo que se puede utilizar el mismo billete o bono para transitar por toda la ciudad, sin importar ni la distancia ni la zona.

Otra cara de Budapest

Huellas inquietantes del pasado, joyas escondidas y descubrimientos inusuales, la preciosa Budapest esconde cosas sorprendentes.

Estatuas de guerrilla

El artista húngaro-ucraniano Mihály Kolodko coloca preciosas estatuillas por todo Budapest, a destacar: la del compositor Franz Liszt sentado sobre su maleta junto al aeropuerto, el emperador Francisco José I en una hamaca en el puente de la Libertad y el conde Drácula leyendo un libro detrás del castillo de Vajdahunyad. El circuito a pie (p. 118) es práctico.

'Paternosters'

Llamados "Padre Nuestro" por su parecido con un gran rosario, se trata de cubículos abiertos que rotan en círculo continuo. Hay que subirse cuando la cabina alcanza el nivel del suelo y apearse en el piso deseado. Aunque insólitos hoy, todavía los hay en algunos edificios oficiales, ministerios y hospitales de Budapest, como en el edificio de oficinas brutalista de Thököly út 60, cerca del parque de la Ciudad, aunque rara vez está en marcha.

Agujeros de bala

Son recuerdos de la Revolución de 1956, cuando los húngaros se rebelaron contra el régimen comunista. Los hay que son originales, como los de la fachada de los Archivos Nacionales y los de las calles traseras del distrito VIII, y otros son recreaciones, siendo la más famosa la de los soportales del Ministerio de Agricultura, en recuerdo al "Jueves Sangriento", cuando los comunistas abrieron fuego sobre una multitud de manifestantes pacíficos.

Fuentes potables de agua termal

Los húngaros creen en el poder curativo de las aguas termales ricas en minerales de Budapest, que se pueden probar en las fuentes potables de los baños **Széchenyi, Rudas** y **Lukács.**

FUERA DE RUTA

El **Museo Hospital de la Roca y búnker nuclear** secreto alberga incluso un helicóptero. (p. 42)

Jugar en 150 máquinas del millón en el singular **Museo del Pinball.** (p. 107)

Bañarse en cerveza mientras se beben ilimitadas cervezas checas en los **baños Széchenyi.** (p. 139)

Disfrutar de un divertido espectáculo de *drag queens* un sábado en **Alterego,** el mejor club gay de Budapest. (p. 99)

Escultura del conde Drácula de Mihály Kolodko (p. 119), parque de la Ciudad.

'Paternoster', Erzsébetváros.

Explora Budapest

Merece la pena

Circuitos a pie

Basílica de San Esteban (p. 92).
KATA FÁRI/LONELY PLANET ©

Sugerencias
de lugares para
comer, beber
y comprar en
p. 46

Explora
Distrito del Castillo

Abarca la colina del Castillo (Várhegy), Patrimonio Mundial, y el barrio de Víziváros, en la ciudad baja de Buda, y se caracteriza por su encanto de antaño, las calles adoquinadas y las escaleras espléndidas. Várhegy no tiene rival en cuanto a concentración de monumentos maravillosos casi en cada esquina: el Palacio Real, el Bastión de los Pescadores y la iglesia de Matías muy cerca entre sí.

En Víziváros no hay tantos lugares de interés, pero lo compensa con restaurantes, tiendas y *pubs,* sobre todo en Széll Kálmán tér, que es el centro de la Buda urbana y la entrada extraoficial a las colinas de Buda.

Cuando se escribió esta obra, el distrito estaba en plena renovación como parte del Programa Nacional Hauszmann Alajos.

Cómo desplazarse

Lo más fácil es recorrer el barrio a pie, pero es importante ir bien calzado porque las calles son de adoquines. Hay varias opciones para ir a la colina del Castillo.

🚌 **Autobús nº 16**
Desde Deák Ferenc tér en Pest, o Széll Kálmán tér en Buda.

🏃 **Escaleras mecánicas/ascensores**
Desde el Bazar del Jardín del Castillo.

🚡 **Funicular**
Llegar con clase en los vagones antiguos del funicular.

🚶 **A pie**
Subir por Várfok utca desde Széll Kálmán tér, o por escaleras más empinadas desde Clark Ádám tér.

Iglesia de Matías (p. 42).
KONOPLYTSKA/SHUTTERSTOCK ©

★
LO MEJOR

INTERÉS HISTÓRICO
Palacio Real (p. 36)

LAS MEJORES FOTOS
Bastión de los Pescadores
(p. 42)

LUGAR CURIOSO
Museo Hospital de la Roca
(p. 42)

VISTAS
Torre de la iglesia de Matías
(p. 42)

MUSEO
Galería Nacional de Hungría
(p. 39)

Río Danubio

Angelo Rotta rkp

Bem rkp

Batthyány tér

Szilágyi Dezső tér

Corvin tér

Nagy Imre tér

Iglesia de Santa Ana

VIZIVÁROS

ORSZÁGÚT

Bastión de los Pescadores

Museo de Historia de la Música

Hess András

Fortuna u.

Szél Kálmán tér

Bakfark Bálint u.

Szena tér

Szél Kálmán tér

Déli

Museo del Dinero

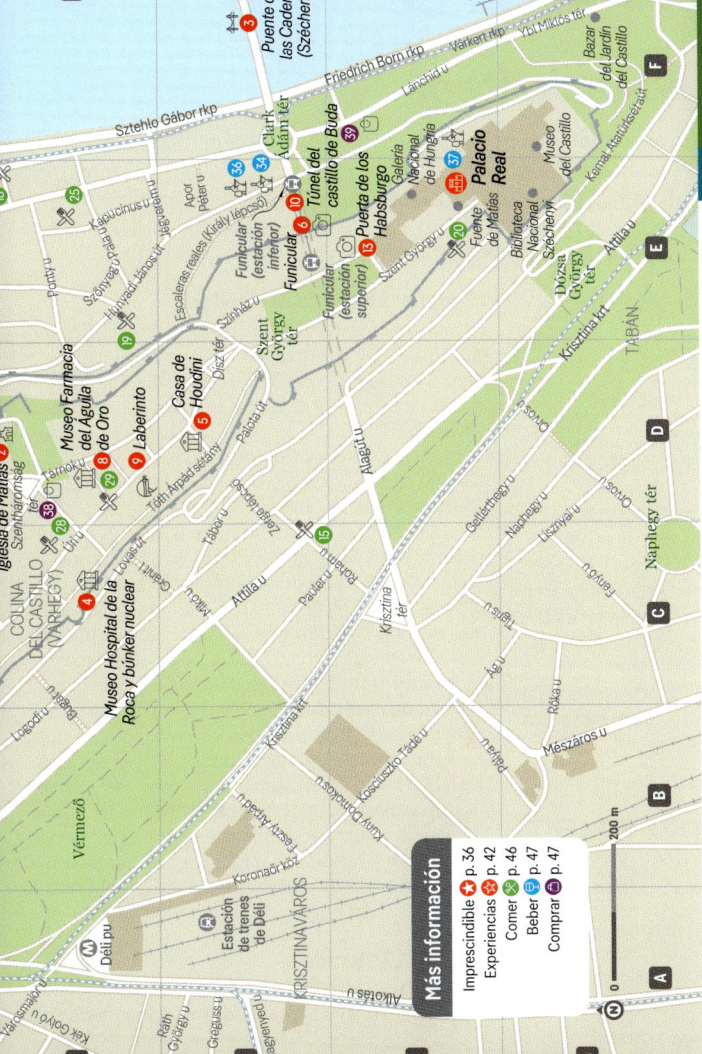

Puente de las Cadenas (Széchenyi) 3

Friedrich Born rkp

Sztehlo Gábor rkp

Túnel del castillo de Buda 39

Puerta de los Habsburgo 13

Galería Nacional de Hungría

Palacio Real

Museo del Castillo

Bazar del Jardín del Castillo

Funicular (estación inferior) 10

Funicular (estación superior)

Funicular

Szent György tér

Fuente de Matías 20

Biblioteca Nacional Széchenyi

Dózsa György tér

TABÁN

Napihegy tér

Iglesia de Matías 2

Museo Farmacia del Águila 8

Casa de Houdini 5

Laberinto 9

de Oro 8

COLINA DEL CASTILLO (VÁRHEGY)

Museo Hospital de la Roca y búnker nuclear 4

15

Vérmező

Estación de trenes de Déli

KRISZTINAVÁROS

Alkotás u

Más información	
Imprescindible	p. 36
Experiencias	p. 42
Comer	p. 46
Beber	p. 47
Comprar	p. 47

200 m

★ **IMPRESCINDIBLE**

Palacio Real

Coronando la colina del Castillo, este emblemático palacio es una maravilla arquitectónica con paredes que susurran historias de reyes, guerras y el alma inmortal de un país, pero también es un faro cultural que invita a sumergirse en el corazón de la historia, cultura y legado literario y artístico de Hungría.

PLANO: P. 34 **F7**

CONSEJO

Reservar tiempo para visitar el Palacio Real si se quieren ver ambos museos. Llegar pronto por la mañana para evitar aglomeraciones.

Escanea este código QR para información sobre horarios y entradas.

El primer atisbo de esplendor

El Palacio Real, testamento del pasado estratificado de Hungría, lo construyó primero el rey Béla IV cuando trasladó la capital del condado de Esztergom a Buda a mediados del s. XIII, al constatar que tras la invasión mongola se requería la construcción de un baluarte fortificado. Durante los últimos siete siglos, ha sido arrasado y reconstruido varias veces; en 1686, fue reducido a cenizas en una guerra contra los turcos, y en la II Guerra Mundial fue bombardeado y desvalijado. Se vislumbran varios estilos arquitectónicos: gótico, renacentista, barroco y neoclásico. Hoy alberga la Galería Nacional de Hungría en los edificios del A al D, el Museo del Castillo en el edificio E y la Biblioteca Nacional Széchenyi en el edificio F.

Se puede entrar por tres sitios. Por la decorada **Puerta de los Habsburgo** (p. 45) con verjas de hierro forjado –con un tótem coronado por un bronce de un *turul,* el ave de los húngaros que recuerda a un halcón– y las escaleras simétricas. También se puede pasar por la Puerta de Corvino, rematada por un cuervo negro que simboliza al rey Matías Corvino, o subir por las escaleras mecánicas, en ascensor o por las escaleras desde el **Bazar del Jardín del Castillo** debajo del extremo sur de la colina del Castillo.

Museo del Castillo

Este **museo** repasa la historia de Budapest desde la prehistoria a la actualidad. Hay salas medievales

ZGPHOTOGRAPHY/SHUTTERSTOCK ©

restauradas, estatuas de cortesanos, escuderos y santos halladas en las excavaciones de 1974, y la interesante "Luces y sombras: 1000 años de una capital", que explica la historia de una ciudad destruida y reconstruida muchas veces, examinando la vida de la población, la diversidad étnica, la religión y demás temas a lo largo de los siglos. Por un suplemento, se puede visitar una verdadera joya: el Salón de San Esteban es una sala del s. XIX reconstruida, con bonito mobiliario, la chimenea más grande del país, maravillosos ornamentos y oro por doquier. Se venden entradas combinadas.

Biblioteca Nacional Széchenyi

Esta **biblioteca** atesora códices y manuscritos, una gran selección de prensa extranjera y un ejemplar de todo lo publicado en Hungría o en húngaro. Además, acoge el vanguardista centro de digitalización más grande de Europa central. Como no es una biblioteca de préstamo, permite a sus socios

UNA PAUSA
Si apetece dulce, **Ruszwurm Cukrászda** (p. 47) es la pastelería más antigua de Budapest. Para algo más sustancioso en un entorno histórico, es ideal el **Royal Guard Restaurant & Cafe** (p. 46).

Galería Nacional de Hungría

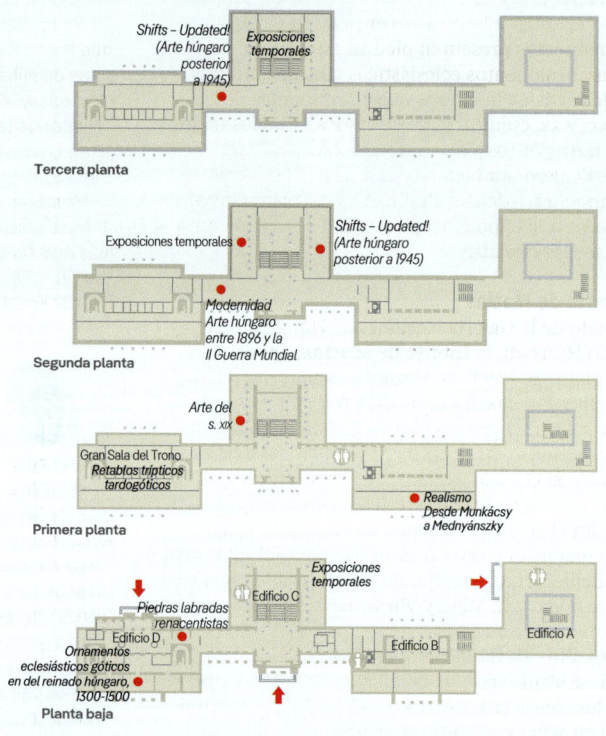

Shifts – Updated!
(Arte húngaro
posterior
a 1945)

*Exposiciones
temporales*

Tercera planta

Exposiciones temporales

Shifts – Updated!
(Arte húngaro
posterior a 1945)

Modernidad
Arte húngaro
entre 1896 y la
II Guerra Mundial

Segunda planta

*Arte del
s. XIX*

Gran Sala del Trono
*Retablos trípticos
tardogóticos*

*Realismo
Desde Munkácsy
a Mednyánszky*

Primera planta

*Exposiciones
temporales*

Edificio C

*Piedras labradas
renacentistas*

Edificio D

*Ornamentos
eclesiásticos góticos
en del reinado húngaro,
1300-1500*

Edificio B

Edificio A

Planta baja

investigar, consultar su sección general y la enorme hemeroteca de periódicos y revistas extranjeros. Vende pases de un día.

Galería Nacional de Hungría

Esta **galería** atesora en sus tres alas y cuatro plantas una asombrosa colección que refleja el auge de las bellas artes en el país desde el s. XI en adelante. Desde la planta baja al tercer piso, las exposiciones permanentes presentan piedras labradas renacentistas, ornamentos eclesiásticos góticos, pinturas de los artistas húngaros más prominentes de los ss. XIX y XX, esculturas de desnudos, retablos trípticos tardogóticos y arte internacional posterior a 1800, pero también hay destacadas exposiciones temporales. Además, desde el tercer piso se puede acceder a la cúpula del palacio y disfrutar de unas vistas espectaculares.

Fuente de Matías

Al lado de la Galería Nacional de Hungría, en el patio Hunyadi, la **fuente de Matías,** apodada la "Fontana de Trevi" de Hungría, es una atracción popular. Fue diseñada en 1904 por el famoso escultor de final de siglo Alajos Stróbl y totalmente reconstruida con la ayuda de su nieto, Mátyás Stróbl, en el 2020. La figura central retrata a uno de los monarcas húngaros más populares, el rey Matías el Justo, en atuendo de caza, descansando tras matar un ciervo. A su derecha está Szép Ilonka (la Bella Elena) acariciando un cervatillo. En el célebre poema de Mihály Vörösmarty, Szép Ilonka se enamora de un apuesto y joven cazador –el rey de incógnito– y, cuando conoce su verdadera identidad, se siente indigna de su amor y muere de pena. De los tres perros del rey el del medio fue sustituido tras volar por los aires el original durante la II Guerra Mundial. Debajo de la fuente está la cripta familiar de los Habsburgo, que se puede visitar con guía desde la Galería Nacional de Hungría.

OBRAS MAESTRAS MAGIARES
En la Galería Nacional de Hungría, hay que buscar las obras de Mihály Munkácsy, el "pintor de la Gran Llanura", Pál Szinyei Merse, el impresionista más destacado de Hungría, y Tivadar Kosztka Csontváry.

TIVADAR KOSZTKA CSONTVÁRY
Aunque empezó a pintar a los 41 años, nunca vendió un solo cuadro y murió en la miseria; muchos críticos lo consideran el mejor pintor de Hungría.

CIRCUITO A PIE

Colina del Castillo

No hay mejor introducción a Budapest que un paseo por la colina del Castillo. El barrio tiene todo lo que define a esta maravillosa ciudad: historia, arquitectura, vistas fabulosas y turistas a carretadas. Para disfrutar de las tres primeras pero evitar a los últimos, hay que empezar pronto por la mañana.

INICIO	FINAL	DURACIÓN
Széll Kálmán tér	Escuela Real de Equitación	2 km; 2 h

❶ Una entrada medieval

Se sale de Széll Kálmán tér y se toma Várfok utca hasta la **Puerta de Viena,** la entrada medieval a la Ciudad Vieja. Se sube hasta arriba para orientarse con las vistas del casco antiguo. El bello edificio con tejado de mayólica acoge los Archivos Nacionales.

❷ Una calle de otra época

Táncsics Mihály utca es una calle de casitas pintadas en vivos colores y adornadas con estatuas. En el nº 26 está la **Casa de oración judía medieval,** hoy lugar de culto, pero también espacio de exposiciones. En el nº 7 se aloja el **Museo de Historia de la Música** (p. 43), mientras el nº 9 es una **antigua prisión política** donde estuvieron encarceladas dos figuras de la guerra de la Independencia de 1848-1849: Lajos Kossuth y Mihály Táncsics.

❸ Vistas impresionantes

Se sigue recto hasta Szentháromság tér; por el camino se pasará por el arquitectónicamente polémico Hilton Budapest, con su fabuloso bar de azotea **White Raven** (p. 47). La **iglesia de Matías** (p. 42) preside la plaza, y el neogótico **Bastión de los Pescadores** (p. 42), de 140 m de longitud, ofrece una de las mejores vistas de Pest.

❹ Café y pastel

Se gira por Szentháromság utca hasta **Ruszwurm Cukrászda** (p. 47), la pastelería más antigua de Budapest. Al lado, **Herend** (p. 47) vende delicadas porcelanas húngaras, hechas a mano y mundialmente famosas.

❺ Magia y misterios

En el nº 9 de la colorida y plácida Úri utca está el **Laberinto** (p. 44). Más al sur y en la acera derecha está la **Casa de Houdini** (p. 43), después hay que seguir recto.

❻ Residencia del presidente de Hungría

De camino se pasará por el antiguo **monasterio carmelita** a la izquierda, hoy las dependencias del presidente de Hungría. El **palacio Sándor** es la oficina y residencia oficial del jefe de Estado. Cada hora se celebra un cambio de guardia.

❼ Un trayecto a la vieja usanza

Delante del palacio Sándor está la estación superior del **funicular** (p. 43), que le bajará a uno a Clark Ádám tér en bonitos vagones *vintage.* Desde allí se verá la **Puerta de los Habsburgo** (p. 45), una ornamentada entrada a los jardines del Palacio Real, coronada por la estatua de un *turul.*

❽ Más lugares fantásticos

Se pasea por los jardines del castillo y se va a la parte de atrás del Palacio Real para ver las **escaleras Stöckl** que comunican los jardines del Castillo con la bonita **Escuela Real de Equitación,** hoy un espacio para eventos.

EXPERIENCIAS

Tomar fotos desde el Bastión de los Pescadores
MIRADOR

PLANO: **1** P. 34 **D4**

El **Bastión de los Pescadores** (*fishermansbastion.com*), de 140 m de longitud, ofrece una de las vistas más bonitas de Pest. Se trata de un falso monumento histórico, construido como mirador en 1905 por el famoso arquitecto Frigyes Schulek para contrarrestar la cercana iglesia de Matías. Debe su nombre a la cofradía de pescadores encargada de defender este tramo de las murallas del castillo en la Edad Media. Las siete torres blancas representan a los siete jefes tribales magiares que se instalaron en esta parte de la cuenca de los Cárpatos a finales del s. IX. Para ir al mirador superior hay que comprar entrada *(adultos/estudiantes 1200/600 HUF)*.

Maravillarse en la iglesia de Matías
IGLESIA

PLANO: **2** P. 34 **D5**

Con una fachada afiligranada y un colorido tejado revestido con tejas Zsolnay, la **iglesia de Matías** (*matyas-templom.hu; adultos/niños 2900/2300 HUF*) ha cambiado muchas veces a lo largo del último milenio. Su actual factura recuerda al templo gótico que había en el lugar en el s. XIII porque Frigyes Schulek, su arquitecto, recuperó los planos originales medievales cuando rediseñó la iglesia a finales del s. XIX. Para ver su interior, nada mejor que asistir a uno de los muchos conciertos de música clásica que acoge. La estrella es el órgano. Desde la torre las vistas son asombrosas.

Cruzar a pie el puente de las Cadenas
PUENTE

PLANO: **3** P. 34 **F6**

El **puente de las Cadenas (Széchenyi)**, construido entre 1840 y 1849, es el más impresionante de la ciudad y fue el primer puente permanente entre Buda y Pest. Debe su nombre a su impulsor, el conde István Széchenyi, gran político húngaro, y lo construyó el escocés Adam Clark. Cuando se cruzaba el puente, los nobles, que antes estaban exentos de impuestos, tenían que pagar un peaje como cualquier mortal si querían cruzarlo. Por suerte para ellos, el peaje se suprimió en el año 1918. Durante las fiestas nacionales y aniversarios este emblema de la capital húngara se ilumina de forma especial.

Visitar el Hospital de la Roca
MUSEO SUBTERRÁNEO

PLANO: **4** P. 34 **C5**

Inmerso en el sistema de cuevas de la colina del Castillo, el **Museo Hospital de la Roca y búnker nuclear** (*sziklakorhaz.eu; adultos/niños 9500/4800 HUF*) es un hospital subterráneo que se convirtió en un búnker nuclear secreto durante décadas –su existencia no fue desclasificada por el Gobierno hasta el 2002–. Allí se atendió a muchos pacientes durante la II Guerra Mundial y la Revolución de 1956. Incluye una madriguera de salas que esconde misterios e historias jamás contados, pero también 200 figuras de cera, los muebles originales y equipos médicos de las décadas de 1940 y 1950 (hay incluso un helicóptero). Se ofrecen visitas guiadas (60 min) cada hora entre 10.00 y 18.00.

Quedarse impresionado con la Casa de Houdini   MUSEO

PLANO: **5** P. 34 **D6**

La **Casa de Houdini** (*houseofhoudinibudapest.com; adultos/niños 5200/3200 HUF*) recuerda a uno de los mayores ilusionistas de la historia, Harry Houdini, nacido Erik Weisz en Budapest. Primero hay que resolver un divertido rompecabezas para entrar al museo y admirar la enorme colección de objetos de la vida de Houdini, como cartas personales y grilletes centenarios. La visita concluye con un corto espectáculo de magia en directo.

Subir al funicular   FUNICULAR

PLANO: **6** P. 34 **E6**

La empinada vía del **funicular** (*siklojegy.hu; adultos/niños 5000/2000 HUF*) de 95 m permite subir al **Palacio Real** (p. 36) de forma rápida y práctica desde las orillas del Danubio, a una velocidad de 1,5 m por segundo y con espléndidas vistas. Inaugurado en 1870, fue el segundo funicular del mundo –el primero abrió en Lyon (Francia) ocho años antes– y al principio funcionaba con una máquina de vapor. En 1944, la estructura sufrió graves daños durante la guerra. Hasta 1986 no se reabrió al público. Con motivo de su 150 aniversario en el 2020, se reemplazaron las vías y se renovaron los dos vagones, de nombre *Margit* y *Gellért,* con madera para darles un acabado antiguo. Si se compran los billetes en línea se evitarán colas.

Tocar en el Museo de Historia de la Música   MUSEO

PLANO: **7** P. 34 **C4**

En un palacio del s. XVIII con un bonito patio, el **Museo de Histo-**

¿QUIÉN SE HA COMIDO LA LENGUA DE LOS GATOS?

Las queridas esculturas de leones del puente de las Cadenas protagonizan muchas leyendas urbanas. Una de ellas cuenta que cuando un joven aprendiz señaló que los leones no tenían lengua, el escultor húngaro, orgulloso de su obra, saltó del puente al Danubio. Aunque cueste creer esta historia, los leones llevan décadas dividiendo a la gente –hay quien ve lenguas y hay quien no–, de ahí que haya muchos curiosos que se asoman a sus fauces. Pero ¿tienen lengua o no? Que cada uno lo compruebe por sí mismo.

ria de la Música (*zti.hu; adultos/
estudiantes 2000/1000 HUF*) quizá
sea pequeño pero tiene mucho que
ofrecer. Se pueden ver instrumentos, rollos de pianola y obras de
arte de tema musical para conocer
la evolución de la música en Hungría desde el s. XVIII a la actualidad.
Destacan algunos instrumentos
musicales magníficos hechos por
artesanos húngaros desde el s. XVIII
en adelante tales como un órgano,
un arpa de pedales, un piano rec-
tangular e instrumentos húngaros
como el *cimbalom* (salterio), pero
también pinturas y medallas que
retratan a famosos compositores
húngaros como Liszt, Erkel, Bartók
y Kodály.

Visitar la Farmacia
del Águila de Oro   MUSEO
PLANO: **8** P. 34 **D5**
Descubrir una réplica de un antiguo laboratorio de alquimista
con espeluznantes criaturas dise-
cadas y un herbario en el **Museo
Farmacia del Águila de Oro**
(*semmelweismuseum.hu/arany
-sas-patikamuzeum; adultos/niños
1000/500 HUF*). Ocupa el lugar de
la primera farmacia de Budapest,
que funcionó hasta la I Guerra
Mundial.

Descender
al Laberinto   CUEVA MUSEO
PLANO: **9** P. 34 **D5**
El macabro **Laberinto** (*labirintus.
eu; adultos/niños 5000/1000 HUF*)
custodia leyendas e historias de

fantasmas que siguen rondando las
cuevas del castillo. Alberga ruinas
de la Edad Media, pinturas ru-
pestres (reproducciones), tumbas,
figuras de cera y los aposentos del
residente más infame del Laberinto, Drácula –el príncipe de Vala-
quia, Vlad Tepes o Vlad el Empala-
dor fue el personaje real en el que
el novelista irlandés Bram Stoker
se inspiró para crear el antihéroe
trascendental. También hay una
galería donde experimentar la os-
curidad total donde solo los otros
sentidos y la música misteriosa le
guiarán a uno hasta la salida.

Subir a la cima del
túnel del castillo de Buda   TÚNEL
PLANO: **10** P. 34 **E6**
Al estar la colina del Castillo en un
extremo del puente de las Cadenas,
el lado de Buda, se decidió excavar
un **túnel** en la colina para aligerar
el tráfico. Se tardaron solo ocho
meses en completarlo en 1853. En
la fachada de la entrada se verán
unas ventanas, que eran las del
apartamento donde, durante décadas, vivía el cuidador del puente.
Aunque, por el bien de los pulmo-
nes, se desaconseja atravesar el
túnel a pie, sí se recomienda subir
a la cima. Entre el túnel y el puente
está la florida rotonda que lleva el
nombre de Adam Clark y donde
empieza el barrio Vízíváros. La
tradición local cuenta que cuando
llueve, se mete el puente de las
Cadenas en el túnel para proteger
a sus venerados leones de piedra.

Tomar fotos perfectas en Batthyány Tér
PLAZA

Batthyány tér (PLANO: 11 P. 34 **E3**) es el centro de Víziváros y el mejor sitio para fotografiar el majestuoso Parlamento, al otro lado del Danubio. La plaza acoge un imponente mercado de productos frescos, pero también se encuentra en ella la preciosa **iglesia de Santa Ana** (PLANO: 12 P. 34 **E3**), que data del s. XVIII.

Batthyány tér es un importante núcleo de transporte. Allí se puede tomar el metro M2 hasta Pest o Széll Kálmán tér, pero también la línea H5 del tren suburbano HÉV hasta el espléndido Szentendre (pasando por el barrio Óbuda de Budapest).

Atravesar la Puerta de los Habsburgo
PUERTA

PLANO: 13 P. 34 **E7**

La **Puerta de los Habsburgo** ofrece una escultural entrada a la extensa terraza delantera del Palacio Real, con su estilo barroco y elaboradas farolas de hierro forjado. La escalera doble es simétrica, y la del este es un lugar maravilloso para hacer fotos de Pest. Que nadie pase por alto el bronce del *turul* de 1905; un tótem con la estatua de un ave similar a un halcón de los antiguos magiares y todo un símbolo nacional.

Disfrutar del Museo del Dinero
MUSEO

PLANO: 14 P. 34 **A3**

En un increíble y ecléctico edificio de estilo Secesión, el **Museo del Dinero** *(penzmuzeum.hu; gratis)* se extiende a lo largo de tres plantas, apuesta por la interactividad y la experiencia individual y se concentra exclusivamente en el mundo del dinero. Nota: el café está situado en la azotea, al lado de una ornamentada torreta. Resulta necesario reservar la visita al museo con antelación.

 **LA LEYENDA DEL 'TURUL'**

El mítico *turul* apareció por primera vez en una leyenda del s. IX, *El sueño de Emese*. En la historia, el *turul* se presenta en un sueño a Emese, que está encinta, y le revela que dará a luz a una dinastía de poderosos gobernantes. Su hijo, Álmos, se convirtió en uno de los siete jefes tribales que condujeron a sus pueblos hasta la cuenca de los Cárpatos. El hijo de este, Árpád, fue el príncipe más importante de las tribus magiares, dando así inicio a una dinastía de reyes que duró tres siglos. Últimamente, los grupos de extrema derecha han utilizado el *turul* como su símbolo.

Lo mejor para...

Ⓔ Económico **ⒺⒺ** Medio **ⒺⒺⒺ** Alto

Localizaciones en el plano de la **p. 34**

Comer

Favoritos húngaros

Stand25 ⒺⒺ
15 C6

Clásicos húngaros con un toque mediterráneo de Tamás Széll, ganador del Bocuse d'Or Europa. *12.00–16.00 y 17.30–24.00 lu-sa*

Fény utca Market Ⓔ
16 A1

Productos frescos, también ecológicos, y puestos de comida callejera y platillos rápidos pero saciantes. *Horario variable*

Pierrot ⒺⒺ
17 C4

Sofisticado restaurante húngaro en un edificio del s. XIII. El jardín es una delicia. *11.30–23.00 mi-do*

Horgásztanya Vendéglő ⒺⒺ
18 E5

La sopa de pescado de río se sirve en cuencos, cazuelas o marmitas, y la carpa, el siluro o la trucha

podrían prepararse al estilo Baja, Tisza o Szeged (picante) ¡Imprescindible! *12.00–23.00*

Con vistas

Aranybástya ⒺⒺⒺ
19 E5

Una carta "Hungarikum" con recetas de larga tradición del país; las vistas desde la terraza quitan el hipo. *12.00–22.00*

Royal Guard Restaurant & Cafe ⒺⒺ
20 E7

Un bonito café-restaurante en el edificio de 1903 renovado de la Guardia Real, con vistas a la fuente de Matías y el Palacio Real. *11.00–21.30*

Sentirse como en casa

21 Magyar Vendéglő ⒺⒺ
21 C4

Platos caseros húngaros con un giro moderno y una impresionante carta de vinos locales. *12.00–23.45*

Pest-Buda ⒺⒺ
22 C4

Comidas húngaras como las haría una abuela magiar, en un hotel-*boutique*. *7.30–22.00*

Mandragóra ⒺⒺ
23 D1

Este restaurante familiar se ha ganado una clientela fiel durante los últimos 20 años por sus excelentes versiones de clásicos húngaros. *11.30–22.30 lu-sa*

Cocina internacional

Giulia ⒺⒺ
24 A2

Una moderna *trattoria* que "promete poco pero cumple con creces" al servir lo mejor de la cocina italiana. *16.00–23.00 ma-vi, 12.00–23.00 sa y do*

Pavillon de Paris ⒺⒺ
25 E5

Cocina francesa imaginativa y un servicio excelente. Cuando hace calor hay que salir al bonito jardín. *12.00–23.00*

Arany Kaviár ⒺⒺⒺ
26 B3

Lujo, prestigio y mucho caviar. Para una experiencia culinaria a medida y presentada por el chef José Guerrero, hay que reservar la experiencia World Table. *18.00–24.00 ma-sa*

Pingrumba
27 A2

Para viajar gastronómi-
camente desde El Cairo
a Calcuta. *17.00-23.00
lu-mi, 12.00-24.00 ju-sa,
12.00-22.00 do*

Para endulzarse

Ruszwurm
Cukrászda
28 C5

Es la pastelería más
antigua de Budapest
(de 1827), con uno de los
mejores *krémes* (hojaldre
de crema de vainilla) de la
ciudad. *10.00-19.00 verano,
hasta 18.00 invierno*

Budavári Rétesvár
29 D5

Excelente *strudel (rétes)*
húngaro con diferentes
rellenos, tentempiés
salados y buenos cafés
y tés. *8.00-20.00*

Á Table
30 B2

Local de una cadena
de panaderías que gusta
mucho en Budapest, con
excelentes pastelitos,
danishes, tentempiés
salados y café. *7.00-18.00
lu-vi, 8.00-17.00 sa y do*

Beber

Cafés bonitos

Steamhouse Cafe
31 E3

En la última planta de un
mercado con vistas al
Danubio y al Parlamento.
Excelentes cafés y deli-
ciosos pastelitos. *8.00-
18.00 lu-vi, 9.00-15.00 sa*

4 perc és kávé
32 C4

Ideal para una taza rápida,
es diminuto y 100%
vegano, y prepara cafés
sobre todo con leche de
avena. *8.30-18.00 lu-vi,
9.00-18.00 sa y do*

Bereg Embassy
Bar & Cafe
33 B2

Alojado en un ejemplo
destacable de "arquitec-
tura ecológica" húngara,
este lugar recibe a
"nómadas, amantes,
artistas" y demás. Hay un
plácido jardín. *11.30-23.00
lu-sa*

Bares y 'pubs'

Leo Budapest
34 E6

En lo alto del Hotel Clark,
con ambiente urbano y
vistas privilegiadas del
puente de las Cadenas,
el río y el Palacio Real.
12.00-24.00

White Raven
35 D4

Se puede ver casi toda
Budapest, con una
perspectiva única del
complejo tejado de la
iglesia de Matías. *12.00-
22.00*

Lánchíd Söröző
36 E6

Maravilloso ambiente
magiar retro, entre viejos
carteles de películas,
manteles de cuadros y
rock clásico. *12.00-23.00*

Savoyai Terasz
37 E7

Café delicioso y vistas
deslumbrantes a los pies
del Palacio Real, más
muchos eventos musica-
les, sobre todo en verano.
10.30-20.00

Comprar

Para llevar algo a casa

Herend
38 D5

No hay mejor lugar donde
comprar porcelana fina.
Delicadas piezas de
porcelana Herend y un
Hungarikum (p. 20). *10.00-
18.00 lu-vi, hasta 14.00 sa*

Bortársaság
39 F7

Excepcional selección
de vinos húngaros. *11.00-
20.00 lu-vi, hasta 19.00 sa*

Sugerencias de lugares para comer, beber y comprar en **p. 61**

Explora
Colina de Gellért y Tabán

La colina de Gellért, coronada por la Ciudadela y el monumento a la Libertad, es uno de los lugares más emblemáticos de Budapest. Desde la cima, las vistas son inmejorables; abajo, Szent Gellért tér es un importante núcleo de transporte y la sede de los cautivadores Baños Gellért.

Tabán es el barrio montuoso que media entre las colinas de Gellért y del Castillo. El otrora bohemio "Montmartre de Budapest" es hoy uno de los barrios más tranquilos y silenciosos de la capital, básicamente una enorme zona verde con más rincones bucólicos y parques infantiles que lugares de interés. Al otro lado de la colina de Gellért, la moderna Bartók Béla út es la parte animada del aletargado sur de Buda.

Cómo desplazarse

Ⓜ Metro M4
Tomar la M4 hasta Pest o la estación de Kelenföld, de donde los autobuses van a Memento Park.

🚋 Tranvías n° 47 y 49
Los dos van al sur de Buda, o cruzan a Pest por el puente de la Libertad.

🚋 Tranvías n° 19 y 41
Orillan el Danubio por el lado de Buda y van hasta Óbuda.

🚌 Autobús n° 27
Subirse a él para evitar la cuesta hasta la colina de Gellért.

Monumento a la Libertad (p. 54).
LOSTINTHECITY/SHUTTERSTOCK ©

★
LO MEJOR

MIRADOR
Colina de Gellért (p. 54)

MONUMENTO HISTÓRICO
Monumento a la Libertad
(p. 54)

BALNEARIO CON HISTORIA
Baños Gellért (p. 52)

SALA DE CONCIERTOS
A38 (p. 60)

CHUTE DE ADRENALINA
RedJet (p. 58)

Más información

	Imprescindible	p. 52
	Experiencias	p. 58
	Comer	p. 61
	Beber	p. 61
	Comprar	p. 61

400 m

Río Danubio

Bazar del Jardín del Castillo

Casa Virág Benedek

Edificio más estrecho de Budapest

Puente de Isabel

Museo Semmelweis de Historia de la Medicina

Aranyszarvas

Puente de la Libertad

Bartók Béla út

Szent Gellért tér

Baños Gellért

Iglesia rupestre

Baños Rudas

Colina de Gellért

Ciudadela

Monumento a la Libertad

Parque del Jubileo

Jardín de los Filósofos

Dunlap korzó

Jane Haining rkp

Szent Gellért rkp

Friedrich Born rkp

Döbrentei tér

Attila u

Krisztina krt

Nehru Part

Raoul Wallenberg rkp

Válvemar és Nina Langlet rkp

Petőfi híd
Puente Petőfi

A38

Henryk Slawik rkp

Pázmány Péter sétány

Goldman
György tér

Egyetemisták
parkja

Magyar tudósok körútja

Universidad de
Tecnología y Economía
de Budapest
Műegyetem rkp

Sztoczek József u

Bertalan Lajos u

Stoczek u

Lágymányosi u

Lágymányosi u

Budafoki út

Bogdánfy u

Zenta u

Csáky u

Orlay u

Mészáros u

Szatyor

Kemenes u

Kende u

Kenyh Frigyes u

Váli u

Kelenhegyi út

Bercsényi u

Kőrösy József u

Baranya u

Mányoki út

Bartók Béla út

Móricz
Zsigmond
körtér

Himfy u

Hamzsabégi út

Vásárhelyi Pál u

Szabolcska Mihály u

Ezadei u

Fehérvári út

 Quebár

Újbuda
központ

Szabolcs u

Október 23 u

Minerva u

Kelenhegyi út

Rezeda u

Vincellér út

Villányi út

Sáros u

Balogh Tihamér u

Ménesi út

Somlói út

Lago
sin fondo

Feneketlen-tó
(lago sin fondo)

Kosztolányi
Dezső tér

Kosztolányi
Dezső tér

Ulászló u

Tas vezér u

Vincellér u

Csombolya u

David Ferenc u

Bocskai út

Villányi út

Bejczy u

Sárbogárdi út

Karolina út

Kökörcsin u

Badacsonyi u

★ **IMPRESCINDIBLE**

Baños Gellért

A los pies de la colina de Gellért aguarda esta joya *art nouveau,* sin duda uno de los balnearios históricos más impresionantes de Budapest. Cuenta con la piscina más bonita de la ciudad y piscinas de aguas termales ricas en minerales.

PLANO: P. 50 **D4**

CONSEJO
Ir entre semana y llegar pronto para evitar el gentío. Hay restaurante y café. En la piscina es obligatorio usar el gorro de baño.

Escanea este código QR para información sobre horarios y entradas.

Historia
Los orígenes de los Baños Gellért se remontan a tiempos pretéritos, siendo una crónica del s. X la primera que se escribió sobre ellos. Durante la ocupación turca, en el s. XV, se convirtieron en unos baños muy apreciados. En el s. XVII, los lugareños se referían a ellos como los Sáros-fürdő ("Baños de barro") debido al fino cieno que se depositaba en el fondo de la piscina y se mezclaba con el agua mineral. Los "Baños de barro" se demolieron cuando se construía el puente anterior al actual puente de la Libertad. Los Baños Gellért abrieron el 26 de septiembre de 1918, estableciendo un nuevo modelo de opulencia en la ciudad. Incorporaron una piscina de olas en 1927 y, más adelante, una bañera de hidromasaje.

Aguas termales curativas
Bañarse en estas aguas y en semejante interior es como un ritual digno de un rey. La temperatura de las piscinas termales oscila entre 35° y 40° C, y hay otra con agua más fría para dar unas brazadas. El agua brota de las profundidades de la colina de Gellért y es rica en sodio, calcio, magnesio y otros minerales beneficiosos para un buen número de dolencias: problemas circulatorios y articulares, lesiones de columna y vértebras, enfermedades

POSZTOS/SHUTTERSTOCK ©

degenerativas, etc. Salvo las piscinas de agua fría, el resto son de agua termal, total o parcialmente. Hay una piscina termal al fresco con vistas a las colinas de Buda y otra de olas divertida para bañistas de cualquier edad en verano. También hay masajes terapéuticos, una sauna, cabinas de vapor y fuentes termales de agua potable.

Baño para dos

Para algo más íntimo, se puede disfrutar de un baño privado de 90 min en una sala con azulejos de porcelana Zsolnay, una bañera de mármol especial para estar a solas y una cámara de aire caliente para relajarse. Incluye una botella de champán y chocolate de postre. Imprescindible reservar con tiempo.

UNA PAUSA
La moderna Bartók Béla út está al doblar la esquina, con establecimientos para comer y tomar algo, como el bonito **Kelet Café & Gallery** (p. 61).

⭐ **IMPRESCINDIBLE**

Colina de Gellért y monumento a la Libertad

La arbolada colina de Gellért está coronada por dos símbolos emblemáticos de la ciudad: la Ciudadela y el monumento a la Libertad. Desde el pico de 235 m las vistas de Buda, de Pest, los puentes y el río son magníficas.

PLANO: P. 50 **C3**

CONSEJO

Para llegar a la cima, se puede salir del puente de Isabel y enfilar hacia la estatua de San Gellért; escoger una cuesta más larga, pero menos pronunciada, desde el puente de la Libertad, o tomar el bus n° 27. Subir al amanecer es espectacular.

Escanea este código QR para más información.

Ciudadela y el monumento a la Libertad

Aunque se construyeran otras fortalezas defensivas, la **Ciudadela** de Budapest se levantó después de la Revolución de 1848-1949 –cuando Hungría quiso romper con el régimen imperial de los Habsburgo– para disuadir de nuevas insurrecciones. En las murallas exteriores hay cañoneras donde los grandes cañones apuntaban a la ciudad. Hoy, los húngaros no la ven como un símbolo de represión sino de libertad. Este sentimiento queda reforzado por el encantador **monumento a la Libertad.** La estatua de 40 m se desveló en 1947 para recordar a los soldados soviéticos caídos por "liberar" Budapest en 1945, pero cuando cambió el régimen, las estatuas de los soldados fueron enviadas a Memento Park (p. 62) y el monumento ahora recuerda a quienes dieron sus vidas por la libertad de Hungría. Cuando se editó esta obra, la Ciudadela estaba cerrada por reformas y tenía prevista su reapertura como parque público con miradores y espacio para exposiciones a finales del 2025.

Cueva rupestre

De subida a la colina de Gellért, se puede entrar en la **iglesia rupestre** (*sziklatemplom. hu; adultos/estudiantes 1200/1000 HUF*). Esta gruta natural se convirtió en iglesia en 1931 y se amplió a monasterio neorrománico tres años

Estatua de San Gellért, colina de Gellért.
JENNIFER WALKER/SHUTTERSTOCK ©

más tarde. La iglesia fue la sede de la orden de los paulinos de Hungría (la única orden religiosa masculina fundada en el país) hasta 1951, cuando los comunistas encarcelaron a los sacerdotes y la cueva se selló con un grueso muro de hormigón, una parte del cual se conserva como recordatorio. Los monjes paulinos regresaron tras la caída del comunismo. La iglesia se puede visitar en cualquier momento menos durante la misa; el interior se mantiene a 20 °C todo el año.

Jardín de los Filósofos

En general, quienes suben a la colina de Gellért van directamente a la Ciudadela para disfrutar de las vistas, pero si se desea un rato de paz lejos del gentío, el lugar es el **Jardín de los Filósofos,** en la ladera más próxima al puente de Isabel.

UNA PAUSA
Búsuló Juhász
(p. 61), en la colina de Gellért, es un restaurante agradable con una cocina maravillosa y unas vistas serenas.

⚡ CIRCUITO A PIE

Colina de Gellért y Tabán

Este recorrido panorámico pasa por parques exuberantes, monumentos históricos y miradores asombrosos, destapando el convulso pasado y la natural belleza de Budapest. Este circuito tiene de todo: comidas contundentes, una ruta que acelera el pulso y baños termales que curan la fatiga.

INICIO	FINAL	DURACIÓN
ODA	Bartók Béla út	3,5 km; 2-3 h

1 Primero, desayunar

Se disfruta de un copioso y buen desayuno en **ODA** (p. 61), que alberga tres restaurantes en la casa más antigua de Tabán. Sirve desde desayunos vigorizantes a *pizzas,* platos húngaros y panecillos *bao.* Después hay que subir a la colina de Gellért hacia el Jardín de los Filósofos.

2 Paz y vistas

El **Jardín de los Filósofos** (p. 55) es un espacio verde con estatuas de bronce de ocho famosos pensadores y profetas de todo el mundo, como Jesucristo, Buda, Akenatón y Mahatma Gandhi. Una atención especial merece la bella escultura de la unión del príncipe Buda con la princesa Pest. Es un lugar perfecto para reflexionar en paz y disfrutar de las deslumbrantes vistas del Palacio Real y de Pest.

3 Un paseo que activa

Se sigue con la ruta por la colina de Gellért hasta la **estatua de San Gellért** para disfrutar de las vistas del níveo puente de Isabel e inmediaciones, y también de la cascada que fluye por debajo (solo en verano). Después se suben las escaleras hasta la Ciudadela.

4 Vistas que compensan

Desde la zona de la **Ciudadela** (p. 54) se pueden hacer fotos preciosas de Budapest, el Danubio y sus puentes, y capturar en primer plano el emblemático **monumento a la Libertad** (p. 54). A finales del 2025 están previstas la apertura de la Ciudadela como gran parque público y espacio para eventos y exposiciones, y la renovación del monumento a la Libertad.

5 Una iglesia en una cueva

Hechas las fotos, ya se puede bajar la colina por el otro lado, por las escaleras de delante del monumento a la Libertad. Antes de llegar al final está la fascinante **iglesia rupestre** (p. 54), en una gruta natural.

6 Descanso en un balneario

Los magníficos **Baños Gellért** (p. 52) están justo a los pies de la colina. Sumergirse en las aguas termales ricas en minerales en el asombroso interior *art nouveau* es justo lo que se necesita para desentumecer los músculos.

7 Mezclarse con los lugareños

Después del baño reparador se puede ir a comer y beber algo a **Bartók Béla út** (p. 60), una calle de Buda donde pasan cosas, llena de restaurantes y bares enfocados a una clientela moderna local que ofrecen desde comida callejera vegana a los favoritos húngaros y vino.

Remojarse en los Baños Rudas CASA DE BAÑOS

PLANO: **1** P. 50 **C3**

En los históricos **Baños Rudas** (*rudasfurdo.hu; entrada 9300-13 200 HUF*) se mezcla el diseño contemporáneo con antiguos elementos estructurales otomanos. La atracción estelar es el *jacuzzi* de la azotea, con vistas fabulosas de Pest. En Rudas se conserva los días segregados por sexos entre semana y abre los fines de semana por la noche. También se puede beber de una ornamentada fuente termal agua rica en minerales. No pueden entrar los menores de 14 años.

Descubrir el Bazar del Jardín del Castillo PARQUE DE RECREO

PLANO: **2** P. 50 **B1**

El pasado y el presente conviven en este impresionante complejo neorrenacentista, que se asoma al río en Buda, a los pies del Palacio Real. Hoy, el **Bazar del Jardín del Castillo** (*varkertbazar.hu*) funciona como espacioso centro cultural que alberga conciertos, cine al aire libre y exposiciones. Desde el lugar se puede acceder al Palacio Real por las escaleras (una mecánica) y los ascensores. Delante, el elegante **Felix Kitchen & Bar** (p. 61) ocupa un edificio precioso que antaño bombeaba agua hasta el Palacio Real.

Familiarizarse con la historia de la medicina MUSEO

PLANO: **3** P. 50 **B1**

La casa de Apród utca donde nació y descansa Ignác Semmelweis hoy acoge el **Museo Semmelweis de Historia de la Medicina** (*semmelweismuseum.hu; adultos/estudiantes 1400/700 HUF*), peculiar, espeluznante y emotivo a partes iguales, que empieza en el antiguo Egipto y cuenta con una sección dedicada a la vida y obra de Semmelweis. El "salvador de las madres" descubrió la causa de la fiebre puerperal, pero pasó el resto de su vida siendo objeto de burlas, ridiculizado y, finalmente, internado en un manicomio, donde murió a los 47 años de edad. Décadas más tarde, sus logros fueron validados. Se podrá ver una farmacia maravillosa de 1813, la primera grapa quirúrgica del mundo diseñada y utilizada por Hümer Hültl y un consultorio de dentista.

Subidón de adrenalina LANCHA MOTORA

PLANO: **4** P. 50 **F8**

Para un viaje emocionante, hay que reservar plaza en **RedJet** (*redjet.hu; 13 500 HUF*) y abrocharse el cinturón. Esta lancha de 12 plazas y motor de 440 CV recorre (en 30 min) los lugares de interés más espléndidos de Budapest a 80 km/h. Y durante el trayecto realiza piruetas: parando en seco, arrancando de nuevo el motor y dando trompos delante o debajo de lugares como el Parlamento y el puente de las Cadenas. Se puede tomar RedJet en BudaPart Kopaszigát, una zona de arena junto al río, peatonal y sin perros, pero con restaurantes, heladerías, cafés y bares en el sur de Buda.

Cruzar puentes históricos PUENTES

El **puente de la Libertad** (PLANO: **5** P. 50 **D4**) es uno de los más impresionantes de Budapest por su sorprendente color verde y su estructura metálica. Se inauguró como puente de Francisco José I en 1896 y fue el emperador Habsburgo en persona quien dio el martillazo al último remache de la estructura –hay una estatuilla de guerrilla de Francisco José relajándose en una hamaca en el lado norte–. Como el resto de puentes del Danubio, el de la Libertad voló por los aires durante la II Guerra Mundial. Fue el primero en reconstruirse respetando el diseño original y, de paso, se rebautizó.

El primer puente que se reconstruyó con una factura más contemporánea fue el esbelto **puente de Isabel** (PLANO: **6** P. 50 **C2**), en 1964. La nueva versión es más ancha que la original y la tecnología de suspensión sustituyó a las cadenas previas. Su nombre lo debe a la reina favorita de los húngaros, la emperatriz Isabel (1837-1898) Habsburgo, conocida cariñosamente como Sissi. Una estatua a los pies del puente en el lado de Buda la recuerda.

El edificio más estrecho de Budapest EDIFICIO DE PISOS

PLANO: **7** P. 50 **C2**

Bastan ocho pasos para cruzar el **edificio más estrecho de Budapest,** en Várkert Rakpart 16, a orillas del Danubio. Construido en 1897 con una maravillosa fachada neogótica, el edificio de pisos solo tiene 6,2 m de ancho; ¿o es Grimmauld Place de Harry Potter?

Retroceder en el tiempo en Tabán EDIFICIOS NOTABLES

Habitado ya en el Neolítico debido a sus fabulosas cualidades geológicas, Tabán empezó siendo un destacado pueblo vitivinícola que primero formaba parte de Buda y después de Budapest. En el s. XX, se lo consideraba el "Montmartre

 ¿QUIÉN ERA SAN GELLÉRT?

Una colina, unos baños, un hotel, una plaza y una estación de metro llevan el nombre de san Gellért (Gerardo). Pero ¿quién fue Gellért? Fue un misionero italiano que llegó a Hungría en el 1020. El rey Esteban I lo convenció para que se quedara a cristianizar al pueblo. Tras ser nombrado obispo, decidió vivir como ermitaño. Cuenta la leyenda que, años después de la muerte del rey en 1038, los magiares paganos asesinaron al obispo arrojándolo en un barril lleno de pinchos. Ahora su estatua se erige allí donde fue martirizado contemplando la ciudad.

de Budapest", un barrio bohemio de sinuosas calles, con casas de un solo piso, bodegas y burdeles: la guarida ideal para los artistas y escritores de Budapest. En la década de 1930, Tabán fue demolido por sus construcciones obsoletas y sus condiciones insalubres y, aunque se contemplaron varios proyectos como barrio moderno, ninguno se materializó. Hoy Tabán no es más que un enorme parque verde. Algunos edificios todavía conservan su alegre ambiente de pueblo, como la **Casa Semmelweis** (p. 58), el restaurante **Aranyszarvas** (PLANO: **8** P. 50 B1), el edificio más antiguo de Tabán que alberga tres restaurantes bajo el nombre de **ODA** (p. 61), y la **Casa Virág Benedek** (PLANO: **9** P. 50 B1), una casa cultural con un bonito jardín y un árbol centenario.

Embobarse con las vistas desde SkyDeck RASCACIELOS

PLANO: **10** P. 50 E8

El **MOL Campus** (molcampus.hu) está en BudaPart Kopaszi-gát y fue el primer rascacielos de la ciudad y un edificio políticamente polémico. Se puede subir al mirador **SkyDeck** (adultos/estudiantes 2400/1400 HUF) a 120 m para disfrutar de buenas vistas de Budapest.

Disfrutar del 'rock' en A38 SALA DE CONCIERTOS

PLANO: **11** P. 50 F7

Al sur del distrito de la colina de Gellért aguarda un espacio para conciertos interesante. Amarrado junto a los pies del puente Petőfi, **A38** (a38.hu) es una importante sala de conciertos en un carguero ucraniano de 1968 retirado de servicio.

Pícnic junto al lago sin fondo PARQUE PÚBLICO

PLANO: **12** P. 50 B7

El **lago sin fondo** (Feneketlen tó) e inmediaciones son uno de los parques favoritos de Buda. Aunque su nombre pueda sugerir que es un lago profundo, solo tiene 4-5 m de profundidad. Se trata de un buen sitio para un pícnic o para actividades más movidas. Que nadie se pierda la estatua del oso, cuya fama aumenta desde 1961 y que siempre tiene algo en sus garras porque los niños del barrio se encargan de que nunca le falte un regalo.

Codearse con los capitalinos en Bartók Béla út CALLE

Bartók Béla út (PLANO: **13** P. 50 D4), que lleva el nombre de uno de los compositores más famosos de Hungría, es la calle del momento en el distrito, sobre todo entre Szent Gellért tér y Móricz Zsigmond körtér, donde hay bares, cafés, restaurantes y galerías poco convencionales. Conviene buscar **Zsiráf Tranzit** (p. 61), sito en una antigua estación de autobuses, o el histórico **Hadik** (p. 61) y su bar ruina adosado **Szatyor** (PLANO: **14** P. 50 D6).

Lo mejor para...

€ Económico €€ Medio €€€ Alto

Comer

Para cenar

Búsuló Juhász €€
 15 B4

En la colina de Gellért, este restaurante ofrece vistas asombrosas, comida local deliciosa y música de piano en directo. *12.00-22.00 ma-do*

Felix Kitchen & Bar €€€
16 B1

En un imponente edificio, creado en 1878 como estación de bombeo para el Palacio Real. Sirve cocina internacional creativa. *11.30-24.00*

ODA €€
17 A2

Restaurante encantador y rústico en la casa más antigua de Tabán. *Brunch, pizzas, schnitzel* y panecillos *bao. 8.00-22.00 lu-ju y do, hasta 24.00 vi y sa*

Vegan Love €
18 D5

Restaurante de comida callejera vegana. La salchicha de tofu con

chile está de muerte. *11.00-21.00*

'Pizza' napolitana

Moto Pizza €
 19 D6

Para disfrutar de *pizzas* napolitanas tradicionales sin quitar el ojo al Austin Cooper verde del escaparate. *11.30-22.00*

Amore di Napoli €
20 D6

El interior azul y blanco rinde homenaje al equipo de fútbol SSC Napoli. *Horario variable*

Beber

Cafés

Kelet Café & Gallery
 21 D6

Café intenso, platos de inspiración asiática, cervezas checas y servicio de intercambio de libros. *7.30-23.00 lu-vi, 9.00-23.00 sa, hasta 22.00 do*

Hadik
 22 D6

Clásica cafetería frecuentada por artistas. El adjunto Szatyor Bár es

un bar ruina en versión de Buda. *12.00-23.00 do-mi, hasta 24.00 ju-sa*

Bares

Béla
 23 D5

Fabulosa carta de vinos, cervezas artesanas locales y comidas. *12.00-23.00 lu, ma y do, hasta 24.00 mi-sa*

Palack Borbár
24 D5

Una impresionante carta de vinos. *12.00-23.00 lu y ma, hasta 24.00 mi-sa, hasta 22.00 do*

Zsiráf Tranzit
25 A7

Bar informal en una antigua estación de autobuses. *16.00-23.00 ma-vi, 12.00-23.00 sa y do*

Comprar

Diseño local

Prezent
 26 C2

Tienda de "diseño húngaro sostenible", con moda y cosmética natural. *10.00-18.00*

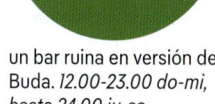
61

★ **MERECE LA PENA**

Memento Park

Este parque permite ver lo que había tras el Telón de Acero, pues custodia estatuas gigantes de Lenin, Marx, Engels y héroes patrios rojos, junto con otras formas de propaganda comunista retirada de las calles de Budapest tras la caída del régimen en 1989.

CONSEJO

Memento Park abre cada día del año. Se llega con la M4 hasta Kelenföld pályaudvar y después con el autobús nº 101B, 101E o 150 hasta la parada de Memento Park.

Escanea este código QR para información sobre horarios, circuitos y entradas.

La ruta de los ladrillos rojos

Se puede visitar **Memento Park** por libre o en un circuito guiado privado o en grupo (11,15 vi-do). En la entrada, que remite a otra época (en la foto), están los ideólogos comunistas Marx y Engels a un lado, y el bronce de Lenin en el otro. Las taquillas también hacen las veces de curiosa tienda de recuerdos comunistas, como velas y carteles de propaganda.

A la derecha de las taquillas, el visitante puede sentarse en un viejo Trabant –el coche clásico de Alemania Oriental con el que soñaban muchas familias húngaras durante el comunismo– y escuchar a escondidas, en línea directa, las voces de Iósif Stalin, Mao Zedong y Ernesto Che Guevara. A la izquierda hay un mapa con un recorrido recomendado por el parque.

Fantasmas del pasado comunista

Una vez dentro, los trofeos escultóricos de la época soviética están sistemáticamente ordenados. En el centro hay un parterre con un lecho de flores con aspecto de estrella de cinco puntas con senderos en forma de ocho. La **estatua del Soldado Soviético Liberador** y el **Monumento conmemorativo de la Amistad Húngaro-Soviética** no dignos de ver.

IRENA IRIS SZEWCZYK/SHUTTERSTOCK ©

Stalin, de patitas a la calle

Frente a la entrada principal, la atracción estelar:
un par de botas gigantes. Son la reproducción del
bronce de Stalin de 8 m que fue derribado de su
pedestal en Dózsa György út en el parque de la
Ciudad durante la Revolución de 1956 y serrado
hasta dejar solo las botas. Se puede subir por
detrás del monumento hasta un balcón con vistas
magníficas de la entrada, lugar desde donde los
líderes comunistas saludaban a las multitudes. El
interior del pedestal alberga bustos, a destacar
el de Lenin de niño, y exposiciones temporales.

Delante hay un barracón de madera donde
se explica la Revolución de 1956 y el cambio
de régimen de 1989, y se pasa un interesante
documental sobre el entrenamiento de la policía
secreta de Hungría.

**LLEGAR
CON CLASE**
Se puede
contratar el
traslado en
un Trabant y
combinarlo con
un circuito hasta
otras reliquias
comunistas en el
**cementerio de
Kerepes** (p. 134)
o **Ecseri Piac**
(p. 135).

Sugerencias de lugares para comer y beber en **p. 75**

Explora
Óbuda y las colinas de Buda

Las estrechas calles del distrito más antiguo de Budapest, Óbuda, albergan interesantes museos de historia y arte, pero si la gente se acerca a este barrio tranquilo es por las ruinas de Aquincum, la capital de casi 2000 años de la provincia romana de Panonia Inferior. A los budapestinos les encanta ir a las colinas de Buda a hacer senderismo, con vistas imponentes, sendas y medios de transporte divertidos. De fácil acceso desde Széll Kálmán tér, las colinas son el lugar perfecto para huir del ajetreo urbano y disfrutar de la paz, la vegetación y el aire puro. Y bajo tierra aguardan emocionantes aventuras de espeleología.

Cómo desplazarse

🚋 Óbuda
A Óbuda se puede ir en los tranvías n° 17, 19 o 41, o en el tren suburbano H5 de HÉV desde Batthyány tér o Margit híd, dirección Szentendre. Desde el centro urbano se tarda 30 min (aprox.).

🚌 Colinas de Buda
Para ir a estas colinas, hay que salir de Széll Kálmán tér y tomar el autobús n° 21 o 21A hasta Normafa, que es una entrada maravillosa. Una vez allí, se puede disfrutar de curiosos medios de transporte: el Tren de los Niños, el tren cremallera o el telesilla.

Tren de los Niños (p. 69).
ZGPHOTOGRAPHY/SHUTTERSTOCK ©

⭐
LO MEJOR

INTERÉS HISTÓRICO
Aquincum (p. 68)

AVENTURA DE ESPELEOLOGÍA
Cueva de Pál-völgy (p. 72)

BAÑOS HISTÓRICOS
Baños Lukács (p. 73)

MUSEO CURIOSO
Museo Húngaro del Comercio y el Turismo (p. 74)

MIRADOR
Torre de Isabel (p. 72)

ÓBUDA Y LAS COLINAS DE BUDA

Río Danubio

Római-part

7 Baños Római

Aquincum

AQUINCUM

Szentendrei út

DISTRITO III

KASZÁSDÚLÓ

ÓBUDA

Isla de Óbuda (Óbudai-sziget)

Május 9 park

ISLA HAJÓGYÁR (ISLA DE ÓBUDA)

NÉPSZIGET (ISLA DEL PUEBLO)

Puerto de Invierno (Téli kikötő)

Nép-sziget

Vaci út

ARANYHEGY

REMETEHEGY

▲ Tábor-hegy

Río Danubio

Árpád-hid

Szentlélek tér

8 Museo Víctor Vasarely

9 Museo Óbuda

Fő tér

26

10 Museo Kassák

16

Óbuda

12 Museo del Comercio y el Turismo

Korona tér

Mókus u

17

★ Sinagoga de Óbuda **14**

0 — 200 m

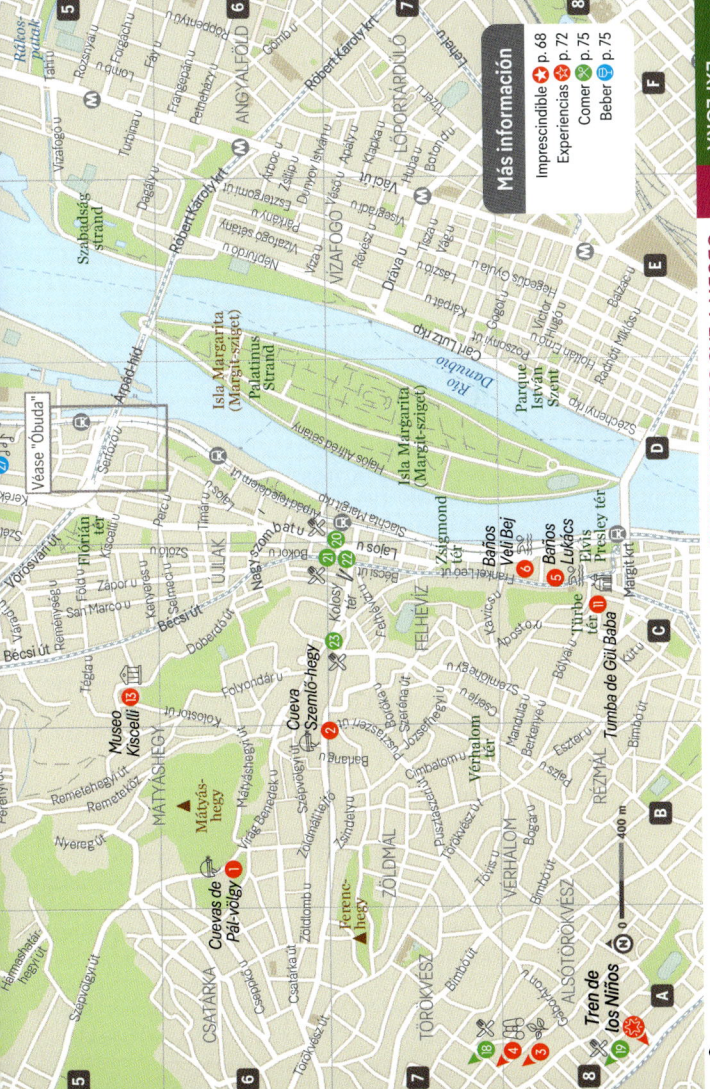

Más información

Imprescindible	⭐	p. 68
Experiencias	✳	p. 72
Comer	🍴	p. 75
Beber	🍷	p. 75

Véase "Óbuda"

Isla Margarita (Margit-sziget)
Palatinus Strand

Río Danubio

Isla Margarita (Margit-sziget)

Baños Veli Bej
Baños Lukács

Tumba de Gül Baba

Museo Kiscelli

Cueva Szemlő-hegy

Cuevas de Pál-völgy

Tren de los Niños

Aquincum

Del s. ı d. C., Aquincum es la ciudad romana más completa de Hungría. Contaba con calles pavimentadas, casas, patios, fuentes y elaborados suelos de mosaico y, aunque cuesta visualizarlo cuando se visitan las ruinas al aire libre, el museo las pone en perspectiva.

PLANO: P. 66 **D2**

CONSEJO

A Aquincum se llega con el tren suburbano H5. Antes de cruzar la transitada Szentendrei út se debería ver el Anfiteatro Civil Romano. Otra opción sería tomar el autobús nº 34, 106 o 134 hasta Záhony utca.

Escanea este código QR para información sobre horarios y entradas.

Museo de Aquincum

Junto a la entrada, el **museo del yacimiento** alberga una impresionante colección de objetos domésticos como cerámica, armas, utensilios de aseo y un mapa del Imperio romano. Los visitantes pueden incluso luchar (de forma virtual) con un gladiador. Hay que buscar la réplica de un órgano portátil del s. ııı llamado *hydraulis*.

Ruinas destacables

Delante del museo está la bonita **Casa del Pintor,** la recreación de una vivienda romana del s. ııı. Y detrás está el **Mithraeum,** un templo dedicado al dios Mitra, la divinidad superior de una misteriosa religión romana. Se podrá recorrer la calzada principal para ver los espaciosos baños públicos, el mercado y el foro.

Villa de Hércules

Al otro lado de Szentendrei út, en Meggyfa utca 21, está la **Villa de Hércules,** desenterrada en 1958. Es una de las ruinas romanas mejor conservadas de Hungría y era la mansión de un miembro desconocido de la aristocracia de Aquincum. Este fastuoso complejo tenía lujos como agua corriente, alcantarillado y diferentes estancias de uso privado, así como mosaicos que representan a muchos personajes, como boxeadores y un Hércules achispado.

★ IMPRESCINDIBLE

Tren de los Niños

Gestionado casi enteramente por jóvenes, el Tren de los Niños pasa por algunos de los lugares de senderismo más maravillosos de Budapest. Viajar en él es una experiencia única que trasciende en el tiempo, y los empleados son de los más amables de Hungría.

Personal encantador
Los niños de entre 10 y 14 años, vestidos en elegantes uniformes, ocupan todos los puestos en el ferrocarril, desde revisores a guardagujas, aunque una mínima supervisión de personas adultas hace que todo funcione bien (por suerte los maquinistas son adultos).

El más largo del mundo
Desde Hűvösvölgy a la colina de Széchenyi, pasando por el boscoso **Normafa** (p. 72), esta es la línea de tren de niños de vía estrecha más larga del mundo, de ahí que esté incluida en el *Libro Guinness de los Récords*.

Recuerdo comunista
El Tren de los Niños es un recuerdo viviente de la época comunista. Inaugurado en 1948, estuvo gestionado inicialmente por *boy scouts* soviéticos, con el objetivo de que los niños aprendieran a tener responsabilidades y a trabajar en equipo. Hoy, los trabajadores se escogen entre los mejores estudiantes y los elegidos deben participar en un curso de formación y examinarse.

Se puede visitar una corta pero atractiva exposición interactiva y la tienda del museo, en la estación de Hűvösvölgy, exhibe fotos de archivo, documentos, reliquias y juegos.

PLANO: P. 66 **A8**

CONSEJO
Los billetes para este tren solo se pueden comprar en las estaciones o a bordo, a los revisores. Pago solo en metálico y en forintos.

Escanea este código QR para información sobre horarios y entradas.

 CIRCUITO A PIE

Las colinas de Buda

Muchas son las razones para visitarlas: excelentes rutas de senderismo, vistas increíbles y un par de lugares de interés. Los budapestinos celebran allí barbacoas, pasean y se relajan. Con los curiosos medios de transporte que hay para escoger, buena parte de la diversión reside en ir y volver de las colinas de Buda.

INICIO	FINAL	DURACIÓN
Széll Kálmán tér	Zugligeti út	3 km a pie; 2 h

① Un trayecto nostálgico

Se sale de la estación de Széll Kálmán tér en la M2 y se anda 10 min por Szilágyi Erzsébet fasor hasta la terminal inferior del **tren cremallera** (tranvía nº 60), delante del Hotel Budapest, un ejemplo referencial de arquitectura brutalista. Los antiguos vagones rojos y blancos del tren trasladan a otra época y recorren con clase los 4 km hasta la colina de Széchenyi.

② Niños al mando

Se cruza el prado hasta Hegyhát út para cambiar al **Tren de los Niños** (p. 69). Su recorrido pasa por preciosos lugares de senderismo durante 45 min (11 km) hasta Hűvösvölgy. El billete hay que comprarlo a bordo, a los jóvenes revisores. De las nueve estaciones de tren parten senderos que se adentran en el bosque.

③ Vistas, excursiones y tentempiés

Se baja en la tercera parada, Virágvölgy, para estar cerca del prado de Anna, en el corazón de **Normafa** (p. 72), un destino para todo el año y un monte boscoso con muchos rincones donde encontrar la tranquilidad mientras la ajetreada Budapest se extiende debajo. Hay muchos puestos de comida: se podría probar un *lángos* húngaro (torta de masa frita con nata agria y queso rallado por encima) o *rétes* (hojaldre dulce).

④ El punto más alto de Budapest

Desde Normafa, se divisa la maravillosa **torre mirador de Isabel** (p. 72), que parece una tarta nupcial coronando la colina de János, el punto más alto (527 m) de Budapest. Hay que seguir el arbolado sendero que lleva hasta ella y después subir los 100 peldaños de la escalera de caracol para disfrutar de unas vistas extraordinarias de Budapest, las inmediaciones y, en días despejados, los montes Tatra, en Eslovaquia.

⑤ Quedarse en el tren

Quien prefiera permanecer en el tren, después de Normafa hay cinco paradas más, incluida la colina de János, Vadaspark en plena Reserva Natural de Budakeszi y Hűvösvölgy, con una pequeña pero divertida exposición interactiva sobre el pasado y presente del Tren de los Niños y una tienda museo.

⑥ Un trayecto con la brisa

A 700 m al sur de la torre mirador de Isabel está la estación superior del telesilla, que baja 1040 m hasta Zugligeti út en 15 min mientras regala unas vistas maravillosas de las inmediaciones de Buda y de algunos jardines privados. Desde Zugligeti út, el autobús nº 291 regresa a la ciudad, hasta la estación de trenes de Nyugati.

Las cuevas de Budapest   CUEVAS

La **cueva de Pál-völgy** (PLANO: ❶ P. 66 **B6**; *dunaipoly.hu; adultos/estudiantes 3500/2600 HUF*) es el sistema de cuevas más largo de Hungría, con pasajes subterráneos que se extienden a más de 32 km. Los circuitos de 60 min salen cada hora entre 10.15 y 16.15 cada día (menos lu) y cuentan con audioguía en inglés. Quien quiera vivir una experiencia espeleológica completa puede participar en un emocionante recorrido de 3 h *(caving.hu; 19 900 HUF)*, ataviados con monos y cascos, que exige gatear y trepar por la cueva de la colina de Mátyás.

Para algo más fácil –y parcialmente accesible en silla de ruedas– se puede explorar la cercana **cueva Szemlő-hegy** (PLANO: ❷ P. 66 **B7**; *dunaipoly.hu; adultos/estudiantes 3400/2600 HUF*) que cuenta con paredes revestidas de cristales y minerales cuyo brillo es precioso. Salen visitas guiadas de 40 min cada hora entre 10.00 y 16.00 cada día (menos ma).

De excursión por Normafa   PARQUE PÚBLICO

PLANO: ❸ P. 66 **A8**

Normafa es un monte boscoso en las colinas de Buda, dentro de la ciudad y bien comunicado en transporte público. Cuenta con enormes espacios verdes, rutas de senderismo, un parque infantil, puestos de comida, unas vistas maravillosas, rincones para pícnics y zonas con barbacoas. Tiene algo en cada estación: en primavera, la floración de los cerezos; en verano, las excursiones y los pícnics en familia; en otoño, las hojas multicolor, y, en invierno, bajadas en trineo por el prado de Anna.

Subir al punto más alto de Budapest   TORRE MIRADOR

PLANO: ❹ P. 66 **A8**

Desde Normafa, el camino a la **torre mirador de Isabel** (en honor a la reina Sissi) es corto pero empinado. Esta torre neorromana, que corona la colina de János (527 m), es el punto más alto de Budapest. Gracias al deslumbrante diseño de Frigyes Schulek, artífice

---

 LIBERAR LA MENTE EN EL SZIGET FESTIVAL

Cada agosto, la isla de Óbuda se convierte en la "isla de la Libertad", al albergar la fiesta más sonada del año en Hungría. En el **Sziget Festival** *(szigetfestival.com),* los conciertos y actuaciones musicales de los cabezas de cartel del momento y de bandas emergentes se suceden desde primera hora de la tarde hasta el amanecer. Dura cinco días y también cuenta con actuaciones artísticas, proyección de películas, una playa provisional, atracciones de feria, fotomatones y *puenting.*

del Bastión de los Pescadores, parece una tarta nupcial de tres pisos. Hay que subir 100 peldaños por una escalera de caracol, pero las vistas de 360° compensarán el esfuerzo.

Sumergirse en baños históricos   TERMAS Y PISCINAS

En un adorable edificio del s. XIX, los medicinales **Baños Lukács** (PLANO: **5** P. 66 C8; *lukacsfurdo.hu; adultos/estudiantes 5200/4500 HUF)* son de los más antiguos de la ciudad y, según dicen, tienen las aguas termales de mayor calidad de Budapest.

Los **Baños Veli Bej** (PLANO: **6** P. 66 C8; *irgalmasrend.hu; entrada 4500-5500 HUF*) no son tan majestuosos como otros, pero son ideales para evitar aglomeraciones. Conserva las paredes originales y las tuberías del baño turco del s. XVI, pero gran parte del interior es moderno. No admite a menores de 14 años.

Sí se puede ir con toda la familia a los **Baños Római** (PLANO: **7** P. 66 EI; *romaistrand.hu; adultos/estudiantes 4000/3400 HUF*), que solo abren en verano y están equipados con toboganes, una piscina y un parque infantiles. El manantial termal que llena esta piscina ya era conocido en la época romana, como lugar sagrado (se descubrieron las ruinas de un santuario).

Conocer los tres museos de la Mansión Zichy   MUSEOS

La preciosa y barroca Mansión Zichy del s. XVIII alberga tres inte-resantes museos. El **Museo Victor Vasarely** (PLANO: **8** P. 66 B2; *vasarely.hu; adultos/estudiantes 2400/1200 HUF*) exhibe 150 obras del "abuelo del *op art*", que nació como Győző Vásárhelyi en 1906 en Pécs. Sus llamativas piezas engañan la mente con ilusiones de profundidad y movimiento.

Por otra entrada se accede al **Museo Óbuda** (PLANO: **9** P. 66 B2; *obudaimuzeum.hu; adultos/estudiantes 1400/700 HUF*), que explica la interesante historia del distrito, desde la Edad Media al presente. Las muestras interactivas ponen a prueba la vista, el oído, el olfato y el tacto del visitante animándole a ser creativo.

El tercero de la mansión es el **Museo Kassák** (PLANO: **10** P. 66 B2; *kassakmuzeum.hu; adultos/estudiantes 1200/600 HUF*), que presenta el legado intelectual de Lajos Kassák, un célebre escritor, poeta y editor de la vanguardia húngara de la década de 1920.

Viajar a otro lugar en la Tumba de Gül Baba   TUMBA Y JARDINES

PLANO: **11** P. 66 C8
Al subir por la adoquinada Gül Baba utca, el viajero sentirá no solo como si estuviera en otro país, sino como si hubiera incluso retrocedido en el tiempo. Al final de la calle está la **Tumba de Gül Baba,** un lugar popular de peregrinación para los musulmanes, sobre todo procedentes de Turquía, rodeado de jardines de rosas y lavanda. Gül Baba fue un poeta y derviche

del s. XVI que participó en la toma de Buda en 1541 y es conocido en Hungría como el "padre de las Rosas". Hay que descalzarse antes de entrar. El Centro Cultural y Sala de Exposiciones está dedicado a la cultura otomana y su legado en Budapest.

Museo Húngaro del Comercio y el Turismo
MUSEO

PLANO: **12** P. 66 **A3**

Pese a su nombre anodino, el **Museo del Comercio y el Turismo** *(mkvm.hu; adultos/estudiantes 3000/2000 HUF)* es un lugar especial. Repasa la historia de la hostelería y el turismo en Hungría a través de enseres de restauración, carteles publicitarios, letreros comerciales, muebles y fotografías. Reproduce diferentes interiores de principios del s. XX: una habitación de hotel, una cafetería, un restaurante, una confitería y una casa de una familia de clase media. También se puede participar en juegos interactivos, probarse como sumiller y descubrir las historias que esconden los platos húngaros más famosos.

Descubrir tesoros en el Museo Kiscelli
MUSEO

PLANO: **13** P. 66 **C5**

El **Museo Kiscelli** *(kiscelli muzeum.hu; adultos/estudiantes 3000/1500 HUF),* en un monasterio e iglesia barroco del s. XVIII de color amarillo, alberga una enorme colección de objetos asociados a la historia urbana de Budapest. Se

puede entrar a una farmacia del s. XIX y admirar una exposición de paneles que anuncian tiendas y demás comercios, objetos de plata y salas con muebles de estilos Imperio, Biedermeier y *art nouveau*. La iglesia acoge exposiciones temporales multimedia y de arte.

Maravillarse en la sinagoga de Óbuda
SINAGOGA

PLANO: **14** P. 66 **B4**

Construida en 1821, en una época en la que la comunidad judía de Óbuda era una de las más grandes del país, la **sinagoga de Óbuda** *(obudaizsinagoga.hu)* es la más antigua de Budapest. Durante muchos años, el edificio acogió los estudios de sonido de la TV húngara porque la diezmada población judía no podía permitirse su mantenimiento, pero ya vuelve a funcionar como *súl* (casa judía de oración) con talleres y servicios. Hay que llamar antes para una visita guiada.

Recorrer la Római-part
ORILLA DEL RÍO

PLANO: **15** P. 66 **F1**

La ribereña **Római-part** (costa de Római) está en el extremo norte de Buda. Los fines de semana se llena de ciudadanos que practican kayak, piragüismo y surf de remo (se pueden alquilar) o simplemente se tumban junto al río con un *hekk* (merluza en versión húngara del *fish and chips*) o *lángos*. Római-part está a 20 min del centro y se llega fácilmente en bicicleta o transporte público.

Lo mejor para...

Localizaciones en el plano de la **p. 66**

€ Económico €€ Medio €€€ Alto

Comer

Húngara

Csalánosi Csárda €€

 B1

Restaurante a la vieja usanza con recetas tradicionales, sabores genuinos y raciones generosas. *9.00-24.00*

Kéhli Vendéglő €€

17 A3

Rústico a conciencia, tiene fama por su entorno del s. XIX y por ofrecer una de las mejores cocinas tradicionales húngaras de la ciudad. *12.00-22.00 lu-vi y do, hasta 22.30 sa*

Náncsi Néni €€

18 A7

Muy apreciado, el restaurante de Hűvösvölgy se especializa en platos de caza en otoño e invierno, más platos de hígado de ganso. *12.00-22.00*

Normafa Síház €€€

19 A8

Bonito restaurante en el boscoso Normafa, con una carta local e internacional, bebidas deliciosas y eventos temáticos en verano. *Horario variable*

Cocina internacional

Semmi Extra €€

20 D7

Restaurante espacioso y sencillo que sirve hamburguesas, pasta y demás al mediodía. *Horario variable*

Hummus Bar €

21 C7

Exquiteces de Oriente Medio como *shakshuka* y falafel atraen a las multitudes hasta Kolosy tér. *11.00-22.00 lu-vi, 12.00-22.00 sa y do*

Okuyama no Sushi €€

22 C7

Diminuto restaurante japonés en el sótano de los Kolosy Üzletház (galerías comerciales). Quizá el mejor *sushi* de la ciudad. *11.00-22.00*

Dulces

Daubner Cukrászda €€€

23 C7

Los lugareños frecuentan este café de 1901 por sus *macarons,* pasteles tradicionales húngaros y *pogácsa* ("bollitos" salados). *12.00-19.00 mi, 9.00-19.00 ju-do*

Beber

Los top del verano

Fellini Római

24 F1

Para relajarse en las tumbonas con los pies en el Danubio en Római-part. *Horario variable*

Két Rombusz

25 F2

Para sentarse dentro (o encima) de dos viejos autobuses o en una hamaca, cerca del río. *Horario variable*

Kert

26 B1

El Kobuci al aire libre es un evocador espacio para conciertos, con un cartel de bandas húngaras interesantes. *Horario variable*

Mad Garden Óbuda

27 D5

Comida callejera y cerveza artesana de la famosa Mad Scientist en un bonito jardín. *Horario variable*

Sugerencias de lugares para comer, beber y comprar en

p. 84

Explora Belváros

El "centro urbano" (*belváros* en húngaro) es el epicentro de Pest, sobre todo para el turismo de alto nivel y las compras. Es donde se encuentra Váci utca, con sus tiendas de lujo, restaurantes y bares, y Vörösmarty tér, con la *cukrászda* (pastelería) más famosa de la ciudad. El centro de la zona es la animada Deák Ferenc tér, la plaza principal donde convergen tres de las cuatro líneas del metro.

Belváros tiene dos caras. La zona norte de la concurrida Ferenciek tere está llena de ostentosas *boutiques* y atestados bares y restaurantes. El barrio del sur es más estudiantil, tranquilo y local, peatonal en su mayor parte. Aun así, en la zona hay cada vez más cafés y restaurantes que están de moda, junto a tiendas de recuerdos y comercios independientes.

Cómo desplazarse

Ⓜ Metro
En el corazón de Belváros, Deák Ferenc cuenta con tres líneas de metro (M1/2/3).

🚋 Tranvía
El tranvía n° 2 (o 2B o 23) orilla el Danubio por los márgenes occidentales del distrito. Los tranvías n° 47 y 49 recorren el perímetro oriental del centro urbano desde Deák Ferenc tér y cruzan el puente de la Libertad hasta el sur de Buda.

🚌 Autobús
Desde Ferenciek tere, los más prácticos son el n° 7 (o 7E) hasta Buda y el n° 15 hasta el norte de Pest.

★ LO MEJOR

ARQUITECTURA
Párisi Udvar (p. 81)

MIRADOR
Torre sur de la iglesia
Parroquial de la Ciudad
(p. 83)

SALA DE CONCIERTOS
Pesti Vigadó (p. 82)

**BAR PARA
ALARGAR LA NOCHE**
Why Not Cafe (p. 85)

PARQUE PARA DESCANSAR
Jardín Károly (p. 83)

Párisi Udvar (p. 81).
MITZO/SHUTTERSTOCK ©

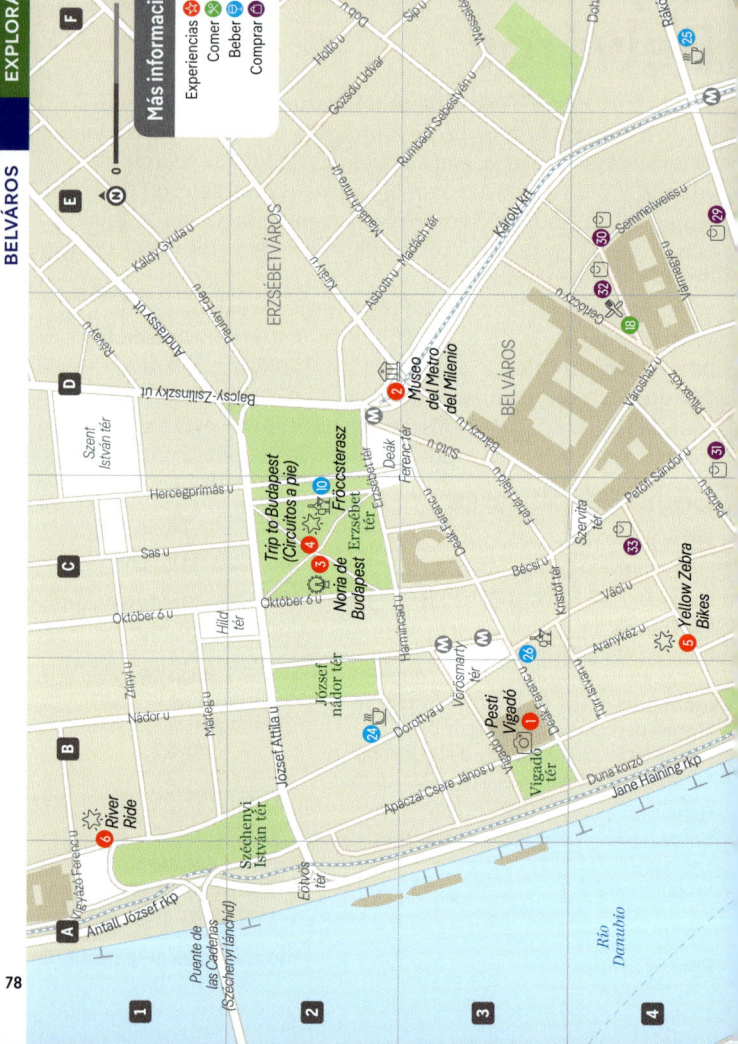

Más información

⚘ Experiencias p. 82
✕ Comer p. 84
🍴 Beber p. 84
🛍 Comprar p. 85

0 ——— 200 m

ERZSÉBETVÁROS

BELVÁROS

Museo del Metro del Milenio ②

Trip to Budapest (Circuitos a pie) ④ ⑩
Fröccsterasz
Noria de Budapest ③

Yellow Zebra Bikes ⑤

Pesti Vigadó ①

River Ride ⑥

Río Danubio

JÓZSEFVÁROS

Múzeum krt

Múzeum krt

Csendes
Létterem

Magyar u.

Jardín
Károly

Szép u.

Egyetem
tér

Kecskeméti u.

Királyi Pál u.

Fehér György u.

Papnövelde u.

Kálvin
tér

Baross u.

Üllői út

Ráday u.

Vámház krt

Torök Pál u.

Lónyay u.

Gönczy P. u.

Imre u.

Ekal u.

Pipa u.

Universidad
Corvinus
de Budapest

Fővám tér

Fővám
tér

Kossuth L. sétány u.

Károlyi Mihály u.

Ferenciek
tere

Ferenciek
tere

Curia u.

Papnövelde u.

Cukor u.

Szerb u.

Veres Pálné u.

Molnár u.

Belgrád rkp

Belgrád rkp

Puente de la Libertad
(Szabadság híd)

Iglesia
Parroquial
de la Ciudad

Váci u.

Királyi u.

Nyáry Pál u.

Molnár u.

Duna u.

Pesti alsó rkp

Pilvax köz

Váci u.

Kígyó u.

Szabad sajtó út

Galamb u.

Márclus
15. tér

Pintér u.

Piarista u.

Havas u.

Petőfi
tér

Puente de Isabel
(Erzsébet híd)

Friedrich Born rkp

Szent Gellért rkp

Döbrentei
tér

Parque
del Jubileo

Bartók Béla út

COLINA
DE GELLERT
(GELLERT-HEGY)

Ciudadela

Váci utca y Vörösmarty tér

Váci utca, la principal calle comercial de la capital, es una vía peatonal llena de tiendas de cadenas, restaurantes turísticos y algunos comercios y edificios notables que vale la pena ver. Era la longitud total de Pest en la Edad Media. La encantadora Vörösmarty tér está en el extremo norte.

INICIO	FINAL	DURACIÓN
Ferenciek tere	Duna korzó	1,3 km; 1-2 h

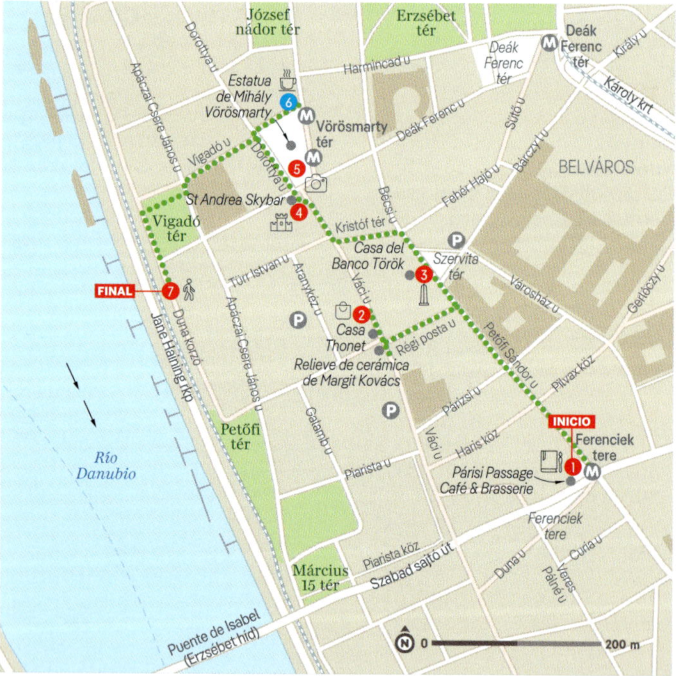

1 Arquitectura asombrosa

Se empieza en Párisi Udvar. He aquí un impresionante y ornamentado ejemplo de arquitectura ecléctica de 1909, con elementos mudéjares, góticos y *art nouveau.* Durante décadas fueron unas galerías comerciales maravillosas, pero se fueron deteriorando hasta que se renovaron totalmente para acoger varios restaurantes y un hotel de 110 habitaciones. Se puede atravesar la zona pública de la planta baja y tomar algo en el **Párisi Passage Café & Brasserie** (p. 84). Váci utca queda justo al oeste.

2 Delicias florales

Se sube por Petőfi Sándor utca y se gira a la izquierda por Régi posta utca. En el nº 15, hay un relieve de cerámica de una vieja diligencia postal de la célebre artista de Szentendre, Margit Kovács. Se sigue por Váci utca hasta **Philanthia,** una floristería con un insólito interior *art nouveau* de 1906. Al lado está la **casa Thonet** (1890) otra obra maestra de Ödön Lechner.

3 Mosaico de la Madre Hungría

Al doblar la esquina y de cara a Szervita tér, está la **casa del Banco Török,** de 1906, con una fachada casi enteramente de cristal. En el frontón superior, hay un mosaico de estilo Secesión de Miksa Róth llamado *Patrona Hungariae,* que representa a la "patrona" Hungría y a sus hijos magiares más famosos.

4 En el banco

De vuelta a Váci utca se verá el suntuoso **palacio de la Banca,** de 1915, la otrora sede de la Bolsa de Budapest. Hoy es la galería comercial Váci1, con el Hard Rock Cafe como inquilino principal y el maravilloso **St Andrea Skybar** (p. 85) en su azotea.

5 La plaza más bonita

Váci utca desemboca en **Vörösmarty tér,** una gran plaza con tiendas elegantes, galerías, cafés, retratistas y caricaturistas. En medio destaca una estatua de Mihály Vörösmarty, el poeta del s. XIX al que la plaza debe su nombre. Hecha con un mármol italiano quebradizo, en invierno se protege con un extraño "iceberg" de plástico por el que a los críos les encanta deslizarse.

6 Pastel de autor

En el extremo norte de la plaza está **Gerbeaud,** la pastelería más famosa de Budapest. Se recomienda sentarse en la terraza y pedir la *Dobos torta,* un bizcocho de siete capas de chocolate y crema de mantequilla, cubierto de azúcar caramelizado, inventado por el pastelero húngaro József C. Dobos en 1884.

7 El largo paseo

Se puede terminar el circuito con un paseo por el **Duna korzó** (río Danubio), por la orilla y entre los puentes de las Cadenas y de Isabel.

Escuchar música en un entorno glamuroso SALA DE CONCIERTOS
PLANO: ① P. 78 B3

El **Pesti Vigadó** *(vigado.hu; adultos/entrada combinada reducida 2500/1250 HUF, solo exposiciones 1000/500 HUF),* un espacio para las artes escénicas de estilo romántico construido en 1865 pero seriamente

LOS MEJORES CIRCUITOS GUIADOS

Trip to Budapest (PLANO: ④ P. 78 C2; *triptobudapest.hu*) ofrece circuitos a pie "gratuitos" de 2 h en inglés por los lugares de interés; los guías solo trabajan por propinas. **Yellow Zebra Bikes** (PLANO: ⑤ P. 78 C4; *yellowzebrabikes.com; desde 18300 HUF*) propone circuitos guiados en bicicleta de 4 h: plaza de los Héroes, parque de la Ciudad, centro de Pest y Buda por el puente de Margarita. **Tuk Tuk Taxi** *(tuktuktaxi.hu; desde 24400 HUF)* tiene circuitos guiados para 2 o 3 personas en vehículos de tres ruedas. Más emocionantes que los convencionales paseos en barco por el Danubio son el trepidante **RedJet** (p. 58; *redjet.hu; desde 5300 HUF*) y el singular **River Ride** (PLANO: ⑥ P. 78 B1; *riverride.com; adultos/estudiantes 13800/11800 HUF*), un autobús anfibio amarillo que recorre la ciudad (1½ h) por tierra y por el río.

dañado durante la II Guerra Mundial, ha sido totalmente restaurado y es un lugar fantástico para ver un concierto de música clásica. La sala de conciertos está en el 2º piso, el teatro, en el 4º piso, y el 5º y 6º se reservan para exposiciones temporales.

Subir al tren del Milenio MUSEO DE TRANSPORTE
PLANO: ② P. 78 D2

En el paso subterráneo de Deák Ferenc tér, el pequeño pero fascinante **Museo del Metro del Milenio** *(bkv.hu/en/millennium_underground_museum; adultos/reducida 900/450 HUF),* al que se accede por la taquilla principal del metro, repasa la evolución de las líneas de metro de la ciudad. Se pone especial énfasis en el pequeño metro amarillo (M1), el primer ferrocarril subterráneo de Europa continental, que se inauguró en 1896 como parte de las celebraciones del milenio del asentamiento de los húngaros en la cuenca de los Cárpatos. El museo ocupa un tramo de túnel y la estación original.

Vistas cautivadoras NORIA
PLANO: ③ P. 78 C2

Presidiendo Erzsébet tér, la **Noria de Budapest** *(oriaskerek.com; adultos/reducida desde 4300/2300 HUF)* de 65 m de altura ofrece solo tres vueltas, pero brinda unas vistas maravillosas de Pest y del Danubio hasta Buda. Por la noche impresiona más.

Respirar la paz en un espacio verde
JARDÍN DE FLORES

El florido **jardín Károly** (PLANO: ➐ P. 78 **E5**), un lugar agradable donde darse un respiro, se construyó para el cercano palacio Károly, que alberga un museo de literatura. Lo frecuentan los budapestinos, muchos con niños por su agradable parque infantil. El jardín explota de colores florales en verano, y hay bancos a la sombra. **Csendes Társ** (p. 85), el café de verano del bar ruina **Csendes Létterem** (PLANO: ➑ P. 78 **F5**), es agradable para una copa al atardecer o un tentempié.

En busca del campanario
TORRE DE IGLESIA

PLANO: ➒ P. 78 **C5**

La **iglesia Parroquial de la Ciudad** (*belvarosiplebania.hu; adultos/reducida 3000/2000 HUF*), vale la pena visitarla para subir a la torre sur de 55 m. Se construyó allí donde había una iglesia románica del s. XII, a su vez alojada intramuros de una fortaleza romana. Para acceder a la torre hay que ir al final de la nave lateral sur, a la derecha de la entrada principal; hay un ascensor o unas escaleras con 98 escalones. Arriba, hay que cruzar por un entramado de vigas hasta la torre norte, donde está el campanario.

Tomar algo fresquito
BEBIDAS DE VERANO

PLANO: ➓ P. 78 **C2**

En verano, se bebe mucho vino blanco o rosado con soda *(fröccs)*.

MEJORES NOVELAS DE BUDAPEST
Según Tony Dabbous Láng, fundador de **Bestsellers** *(bestsellers.hu),* la mejor librería independiente de la ciudad.

Budapest (Chico Buarque de Hollanda; 2003) Un escritor brasileño recala por un capricho del destino en Budapest, donde queda seducido por la lengua magiar, que le lleva a descubrir una nueva identidad propia.

Los muchachos de la calle Pál (Ferenc Molnár; 1906) Novela de principios del s. XX sobre un grupo de chavales que crecen en el duro barrio de Józsefváros.

El viajero bajo el resplandor de la luna (Antal Szerb; 1937) Obra maestra de un joven budapestino que intenta darle sentido a su pasado.

La puerta (Magda Szabó; 1987) La narradora de la novela es Magda, una escritora, y explica su relación de décadas con su empleada doméstica, Emerenc.

Quien aprenda la jerarquía y el arte de mezclar un *spritz,* desde *kisfröccs* (*spritz* pequeño) y *nagyfröccs* (*spritz* grande) al *hosszúlépés* (paso largo) y al *házmester* (conserje), ganará puntos como lugareño honorario. Se pueden probar en el complejo **Fröccsterasz** *(froccsterasz.hu)* en Erzsébet tér.

Lo mejor para...

Localizaciones en el plano de la **p. 78**

€ Económico   €€ Medio   €€€ Alto

Comer

Húngara

Szeged Halászcsárda €€

11 C7

Sirve la clásica sopa de pescado de río así como carpa, siluro y lucioperca preparados al estilo picante de Szeged. Imprescindible. *11.00-21.00 ma-ju, hasta 22.00 vi y sa, hasta 17.00 do*

Monk's Bistrot €€

12 C5

Cocina húngara en versión moderna servida en un entorno industrial. *12.00-23.00*

Ruben Restaurant €€

13 F5

Restaurante espacioso y elegante; cocina clásica nacional como Hortobágy *palacsinta* y muslo de pato asado. *12.00-16.00 y 18.00-22.00*

Mediterránea y de Oriente Medio

Taverna Dionysos €€

14 D7

Decoración azul y blanca y los favoritos griegos:

tzatziki, souvlaki, pescado a la parrilla. *12.00-24.00*

Trattoria La Coppola €€€

15 E6

Acogedora *trattoria* siciliana frecuentada por capitalinos por su pasta, *pizza* y la *pignata* de la casa, un consistente estofado de pescado. *12.00-24.00*

Baalbek €€€

16 C6

Libanés elegante junto al río; sirve favoritos como *kibbeh labanieh* (carne con salsa de yogur) y kebabs de cordero. *12.00-24.00 lu-mi, desde 8.00 ju-do*

'Brunch'

Deszka €€

17 E7

El siempre acogedor "Junta" sirve huevos y mucho más, pero todo con un giro (un toque turco, una pincelada japonesa) en un ambiente agradable. *8.30-16.00*

Gerlóczy Café €€€

18 D4

La terraza de este maravilloso café de estilo retro está a la sombra de

un tilo y da a una de las placitas más bonitas de Pest. *7.30-23.00*

Solid €€€

19 E6

En el último piso del Hotel Rum, este otrora bar de vinos algo cursi hoy es un fabuloso restaurante de *brunch* con las mejores vistas. *7.00-12.00 lu-mi, hasta 14.00 ju-do*

Beber

Cafés

Párisi Passage Café & Brasserie

20 D5

Local lujoso y mágico en el renovado Párisi Udvar, con resplandecientes azulejos y mosaicos. *8.00-18.30*

Centrál Kávéház

21 D5

Este decano de los cafés tradicionales es de 1887. Es espacioso y un lugar fabuloso para observar a la gente. *9.00-22.00 do-ma, hasta 24.00 mi-sa*

Csendes Társ
 F5

Cuando hace buen tiempo, el "Socio Silencioso" monta una terraza cerca de la entrada al balsámico Jardín Károly y atrae a una parroquia despreocupada. *11.00-24.00 lu-vi, desde 10.00 sa y do*

Café de especialidad
Fekete
 F5

Amplia carta de cafés y una aceptable de comidas (hasta 15.00) frente a un gran patio interior al aire libre. *8.00-19.00*

Edison & Jupiter
 B2

Este "salón de café y laboratorio gastronómico" a un tiro de piedra de Vörösmarty tér se toma su café muy en serio. *9.00-18.00 do-ju, hasta 20.00 vi y sa*

Arch & Beans
 F4

Los tostaderos hacen horas extras en esta preciosa cafetería en un monumental salón de fin de s. XIX. *8.00-18.00 lu-vi, 9.00-18.00 sa, 9.00-15.00 do*

Bares con vistas
St Andrea Skybar
 C3

Espacioso bar de azotea en el centro Vácil (antaño el Bank Palace) perfecto para unos cócteles de infarto. *15.00-24.00 lu-sa, hasta 22.00 do*

Why Not Cafe
 D8

Sempiterno favorito de una clientela gay y mixta, famoso por sus eventos y sus vistas fabulosas del castillo de Buda y del río. *11.00-5.00 lu-vi, desde 10.00 sa y do*

Port de Budapest
 C6

Este bonito restaurante (hamburguesas, ensaladas) es el lugar para tomarse unos cócteles asequibles prácticamente en el Danubio. *12.00-24.00*

Comprar

Moda y joyas
Paloma Artspace
 E4

Moda de diseñadores húngaros emergentes y exposiciones de arte contemporáneo. *11.00-19.00 lu-vi, hasta 15.00 sa*

Rododendron
 E4

Maravillosa tienda tiene joyas, bolsos, grabados únicos y demás piezas de diseñadores locales. *11.00-19.00 lu-vi, 10.00-18.00 sa y do*

Vass Shoes
 D4

Zapatero tradicional que vende zapatos de primera calidad. *10.00-18.00 lu-vi, hasta 16.00 sa*

Arte folclórico
Holló Műhely
 E4

El lugar preferido de la autora para arte folclórico húngaro, aunque los huevos y las cajas pintados beben de la tradición sajona de Rumanía. *14.00-18.00 ma y ju, 10.00-13.00 mi*

Folkart Kézművésház
 C4

Todo lo que hay es húngaro, desde manteles bordados a huevos pintados y cerámica rústica y elegante. *10.00-18.00 lu-vi, hasta 15.00 sa*

Chocolate
Rózsavölgyi Csokoládé
 D5

Boutique en el Párisi Udvar que vende galardonados chocolates artesanos con sabores poco convencionales. *10.30-13.00 y 13.30-18.30 lu-vi, 12.00-18.00 sa*

Cadeau
 D5

Irresistibles bombones hechos a mano por una famosa pastelería de Gyula, al sureste de Hungría. *10.00-18.00 lu-vi*

Sugerencias de lugares para comer, beber y comprar en **p. 98**

Explora
Parlamento y alrededores

Al norte de Belváros está Lipótváros (Ciudad de Leopoldo), con el emblemático Parlamento asomado al Danubio por el noroeste y la icónica basílica de San Esteban al sureste. Es una zona excelente para hacer turismo y descubrir fabulosas galerías y exposiciones, plazas preciosas y edificios de estilos *art nouveau*/Secesión. Es un barrio para descubrir a pie, con excelentes restaurantes, cafés acogedores y bares agradables.

Al este de Lipótváros está Terézváros (Ciudad de Teresa), llamado así por la emperatriz Habsburgo María Teresa I de Austria. Es un barrio animado por la noche, con Nagymező utca –el "Broadway de Budapest", lleno de teatros y music halls– y el club gay más destacado.

Cómo desplazarse

 Metro
La M2 va a Kossuth Lajos tér (práctica para ir al Parlamento), y la M3 para en Arany János, al norte de la basílica. Las líneas M1, M2 y M3 convergen en Deák Ference tér, pocos pasos al sur de la basílica.

 **Tranvía**
Los tranvías n° 2, 2B y 23 recorren el Danubio por los márgenes occidentales del barrio, y los tranvías n° 4 y 6 van a las partes del norte.

Autobús
Para ir más al norte, en Pest, hay que tomar el autobús n° 15 en Kossuth Lajor tér.

Ópera Nacional de Hungría (p. 97).
MITZO/SHUTTERSTOCK ©

LO MEJOR

ARQUITECTURA
Ópera Nacional de Hungría (p. 97)

SALIR DE FIESTA
Alterego (p. 99)

RECUERDOS COMUNISTAS
Museo Retro Interactivo de Budapest (p. 97)

ANTICUARIOS
Falk Miksa utca (p. 96)

PLAZA
Szabadság tér (p. 95)

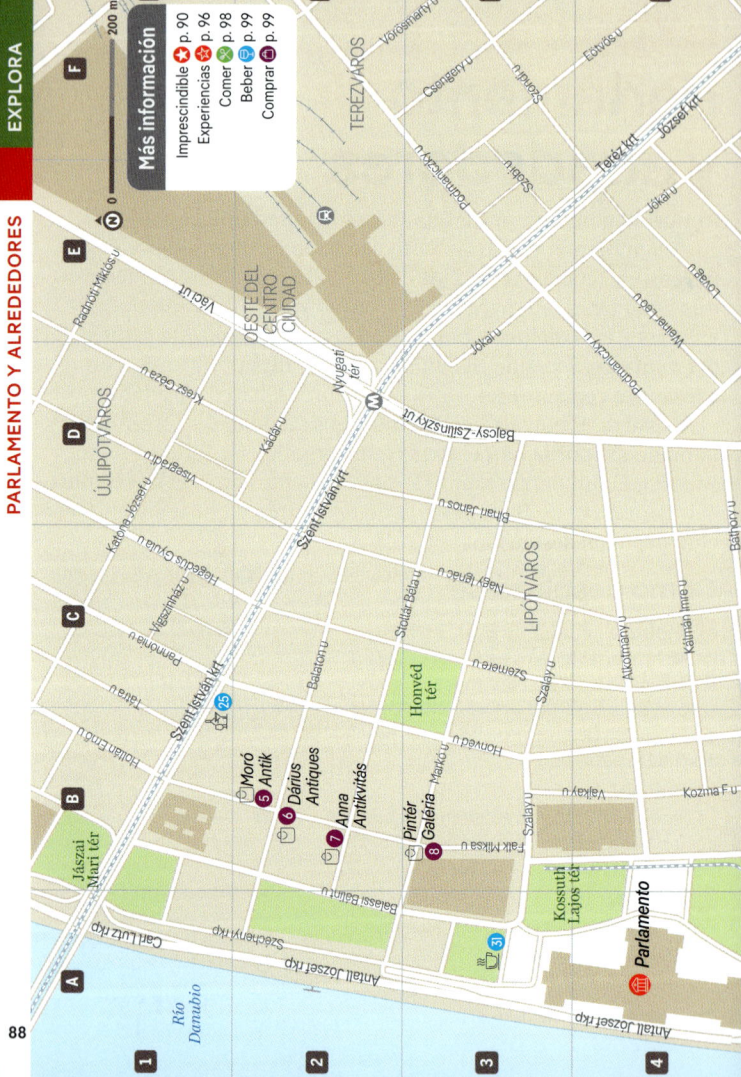

Más información

Imprescindible p. 90
Experiencias p. 96
Comer p. 98
Beber p. 99
Comprar p. 99

200 m

TERÉZVÁROS

OESTE DEL
CENTRO
CIUDAD

ÚJLIPÓTVÁROS

LIPÓTVÁROS

Honvéd
tér

Moró
Antik 5

Dárius
Antiques 6

Anna
Antikvitás 7

Pintér
Galéria 8

Jászai
Mari tér

Kossuth
Lajos tér

Parlamento

Río
Danubio

Liszt Ferenc tér

Jókai tér

ERZSÉBETVÁROS

Bortodoor City

Ópera Nacional de Hungría

Nagymező u.

Dessewffy u.

Hajós u.

Bajcsy-Zsilinszky út

Podmaniczky Fővés tér

Vadász u.

Real Caja Postal de Ahorros

Banco Nacional de Hungría

Szabadság tér

Hold u.

Basílica de San Esteban

Szent István tér

Hercegprímás u.

DiVino Borbár

Sas u.

Sas u.

Október 6 u.

Museo Retro Interactivo de Budapest

Hild tér

Zrínyi u.

Nádor u.

Arany János u.

Nádor u.

Akadémia u.

József nádor tér

BELVÁROS

Erzsébet tér

Október 6 u.

József Attila u.

BATHORY u.

Vécsey u.

Garibaldi u.

Zoltán u.

Steindl Imre u.

Széchenyi u.

Vigyázó Ferenc u.

Széchenyi István tér

Széchenyi István tér

Antall József rkp.

Puente de las Cadenas (Széchenyi lánchíd)

Eötvös tér

Széchenyi rkp.

Csányi u.

Kis Diófa u.

Dob u.

Vasvári Pál u.

Király u.

Kazinczy u.

Holló u.

Gozsdu Udvar

Károly u.

Székely Mihály u.

Káldy Gyula u.

Paulay Ede u.

Dalszínház u.

Révay u.

Lázár u.

Andrássy út

Bajcsy-Zsilinszky út

Arany János u.

Bank u.

F

E

D

C

B

A

5

6

7

8

Parlamento

El edificio más grande de Hungría se extiende en Pest a lo largo de 268 m por el Danubio. Es imponente, un arcón de tesoros nacionales y un simbólico contrapeso al Palacio Real, que está en la colina de Buda, al otro lado del río. La idea que subyace tras su ubicación era que el futuro de la nación reside en la democracia popular y no en las prerrogativas reales.

PLANO: P. 88 **A4**

CONSEJO

Reservar con antelación a través de Jegymester *(jegymester.hu)*. Los circuitos son con audioguía, en 26 idiomas. Los ciudadanos de la UE pagan la mitad de la entrada estándar de adultos/reducida.

Escanea este código QR para horarios y reservas.

Exterior del Parlamento

El edificio, diseñado por Imre Steindl en 1885 y terminado pocas semanas antes de su muerte en 1902, se cree que se inspiró en la reconstrucción del palacio de Westminster de Londres, que abrió en 1860. Combina muchos estilos arquitectónicos (neogótico, neorrománico, neobarroco), y 90 esculturas aprox. de la flor y nata de la sociedad contemplan el Danubio desde la fachada oeste, mientras la puerta principal –la Puerta del León– da a la modernizada Kossuth Lajos tér, donde hay un vanguardista centro de visitantes en el lado norte.

Un vistazo a su interior

Las visitas guiadas permiten ver solo algunas de las 700 salas del edificio. Desde el centro de visitantes, hay que subir los 132 escalones de la profusamente decorada Escalera Dorada (también hay un ascensor) con suntuosos frescos en el techo de Károly Lotz y vitrales de Miksa Roth. Acto seguido está la pieza central: la Sala de la Cúpula, de 16 lados y 66 m de altura, que exhibe la corona de San Esteban, el símbolo más importante de la nación, junto a la espada ceremonial del s. xv, un orbe (1301) y un cetro del s. x hecho en Persia. La Gran Escalinata de 96 escalones baja hasta la Puerta del León, pero avanza hasta la abovedada Cámara de Debates

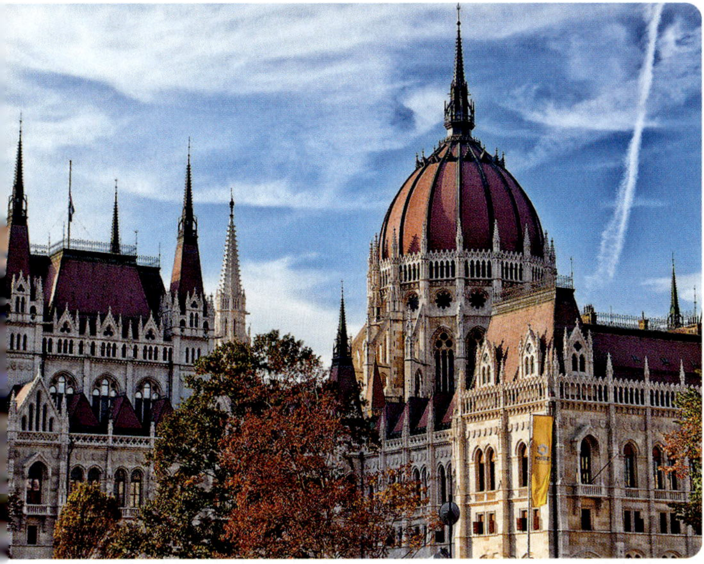

SSSANCHEZ/SHUTTERSTOCK ©

con estatuas de mercaderes y el Congreso de los Diputados con 400 escaños, donde la Cámara Alta de la otrora bicameral Asamblea se reunía hasta 1944. Es casi idéntica a la Sala de la Asamblea Nacional, donde se celebran las sesiones parlamentarias en el ala sur.

Corona de San Esteban

La corona de dos piezas, con su cruz ladeada, colgantes y placas esmaltadas de los apóstoles en la banda, es de finales del s. XII y se ha convertido en el símbolo de la nación húngara. La corona ha desaparecido varias veces a lo largo de los siglos, pero siempre ha vuelto a aparecer. Después de la II Guerra Mundial, cayó en manos del ejército estadounidense, fue transferida a Fort Knox (Kentucky) y no se devolvió a Hungría hasta 1978.

UN PAUSA
Al sur y encarado al Parlamento, **Pick Bistro & Deli** (p. 98) es un fabuloso restaurante húngaro donde se puede probar el salami más famoso del país.

★ **IMPRESCINDIBLE**

Basílica de San Esteban

Es la iglesia católica más sagrada de Hungría, aunque solo sea por custodiar la reliquia más venerada del país: la mano derecha momificada del patrón de la iglesia, el rey San Esteban. Su construcción se alargó más de medio siglo y se terminó en 1905.

PLANO: P. 88 **D7**

CONSEJO
Comprar las entradas en línea para evitar las colas de la taquilla, que está en la plaza, al sur de la basílica. Se venden entradas para ver la basílica, el tesoro litúrgico y la cúpula, o los tres juntos.

Escanea este código QR para horarios y comprar entradas con antelación.

La cúpula

Dos recias torres presiden la fachada; la del suroeste alberga una campana de 9,25 toneladas. Detrás de las torres está la cúpula de 96 m de altura, con estatuas de los cuatro Evangelistas en sus hornacinas. Ofrece una de las mejores vistas de la ciudad. Quien quiera subir directamente arriba deberá enfrentarse al reto de 302 escalones. Otra opción sería tomar el ascensor normal hasta el 3er piso y subir a pie los 145 escalones hasta el exterior de la cúpula. Y si alguien consigue hacerse un hueco en el segundo ascensor para cuatro personas del 3er piso, solo tendrá que subir 28 escalones.

La nave de la basílica

El interior brilla con la esplendorosa luz tenue que parece desprender de los dorados mosaicos de Károly Lotz. Destacan la estatua del rey santo de Alajos Stróbl en el altar mayor y la pintura de san Esteban, de Gyula Benczúr, entregando Hungría a la Virgen María y el Niño Jesús, a la derecha, en la nave lateral norte. Debajo de esa pintura hay una urna de cristal que custodia el reclamo más importante de la basílica: la Santa Diestra, la mano

POSZTOS/SHUTTERSTOCK ©

derecha momificada de san Esteban, objeto de gran devoción. La emperatriz Habsburgo María Teresa I de Austria la devolvió a Hungría en 1771 tras ser descubierta en un monasterio bosnio.

El tesoro litúrgico

El 2º piso alberga un tesoro eclesiástico que incluye incensarios, cálices, copones, báculos y vestiduras. Que nadie se pierda la custodia doble *art-déco* (1938). Por otro lado el tesoro es un verdadero santuario para el cardenal József Mindszenty, en su día un incordio para el régimen comunista, que incluye su indumentaria, sus objetos devocionales y su máscara mortuoria.

UNA PAUSA
Café Kör (p. 98), cerca de la basílica, es ideal para almorzar o comer algo ligero a cualquier hora del día.

CIRCUITO A PIE

El triángulo de plazas

Este barrio alberga indiscutiblemente dos de los lugares más emblemáticos y bonitos de Budapest, el Parlamento y la basílica de San Esteban. También abarca tres plazas muy importantes, obras maestras de ingeniería que enmarcan algunas de las mejores y más diversas obras arquitectónicas de la ciudad.

INICIO	FINAL	DURACIÓN
Széchenyi tér	Kossuth Lajos tér	1,6 km; 2 h

❶ Dos grandes hombres

Se puede empezar en **Széchenyi tér,** que durante más de medio siglo llevó el nombre del presidente estadounidense Franklin D. Roosevelt, pero que ahora recuerda al estadista que fundó la **Academia Húngara de las Ciencias** en el lado norte. Al este está el suntuoso **palacio Gresham** (p. 121; 1907), de estilo *art nouveau,* hoy un hotel de lujo. Al sur hay una estatua de **Ferenc Deák,** que ayudó a instaurar la monarquía de Austria y Hungría en 1867. Debajo de él hay un niño austríaco bien peinado, y otro húngaro con el pelo alborotado.

❷ El corazón del barrio

Se va hacia el este hasta **Október 6 utca,** el centro del barrio donde antes estaba la sede de la Universidad Centroeuropea (hoy en Viena) y ahora hay la mayor parte de los restaurantes, bares y cafés del distrito.

❸ Monumentos curiosos

Se sigue hacia el norte hasta **Szabadság tér** (plaza de la Libertad), con sus atípicos monumentos: un **monumento al Ejército Soviético,** que aún luce la hoz y el martillo cercados por la corona de laurel y rematado con una gran estrella dorada; **estatuas** de los presidentes estadounidenses Ronald Reagan y George H. W. Bush; y el polémico **monumento antifascista** (2014), dedicado a las "víctimas de la ocupación alemana", que muchos consideran una hipocresía. Quienes protestan por ello han instalado un monumento conmemorativo alternativo (y conmovedor) de velas, cartas y recuerdos personales.

❹ Monumento inquietante

En el terraplén del Danubio, al final de Zoltán utca, al oeste, aguardan los **Zapatos en la orilla del Danubio** en recuerdo a los judíos húngaros que fueron fusilados y tirados al río por los miembros del partido fascista Cruces Flechadas en 1944. Es un monumento sencillo pero inquietante de 60 pares de zapatos antiguos de hierro fundido, distribuidos a lo largo de la orilla del río.

❺ Una nueva etapa

Junto al río, la **Kossuth Lajos tér,** donde está el Parlamento, el edificio más fotografiado de Budapest, ha sido restaurada para recuperar su diseño original de antes de la guerra. Debajo hay dos dependencias subterráneas del Museo del Parlamento Húngaro. "In Memoriam: 25 de octubre de 1956" recuerda la segunda noche de la Revolución, cuando los soldados abrieron fuego contra una multitud pacífica, y el *lapidarium* custodia esculturas y demás piedras labradas traídas desde el Parlamento.

EXPERIENCIAS

Bellos edificios de bancos ARQUITECTURA

Al este de Szabadság tér se encuentra la antigua **Real Caja Postal de Ahorros** (PLANO: **1** P. 88 **C5**), un espectáculo de estilo Secesión de azulejos y motivos del folclore creado por

Ödön Lechner en 1901. Al sureste está la sede del **Banco Nacional de Hungría** (PLANO: **2** P. 88 **C6**), con relieves de terracota que ilustran la historia del comercio: vendedores árabes de camellos, mercaderes de alfombras africanos, agricultores egipcios de cereales, representantes de té chinos y el inevitable notario que certifica contratos.

Catar vinos como un profesional CATA DE VINOS

El vino forma parte de la vida social en Budapest, y los precios son bastante razonables. Los bares de vinos de toda la vida lo sirven por decilitros (100 ml), pero los amantes de verdad del vino deberían visitar los excelentes bares de vinos de la zona del Parlamento. Cerca de la basílica está **DiVino Borbár** (PLANO: **3** P. 88 **C7**; *divinoborbar.hu*) donde la cata de vinos empezó a convertirse en la obsesión que hoy es. Tiene más de 150 opciones, de tres docenas de vinicultores. En una bocacalle de Nagymező utca, el **Bortodoor City** (PLANO: **4** P. 88 **E5**; *bortodoor.com*) es siempre divertido y popular, una especie de "*pub* de vinos" donde los dueños se toman su carta de vinos muy en serio y cambian a menudo.

Objetos antiguos ANTIGÜEDADES

Es interesante dedicar un rato de un sábado por la mañana a pasear por Falk Miksa utca, con sus tiendas de antigüedades y curiosidades y galerías. Se puede empezar en **Moró Antik** (PLANO: **5** P88 **B2**; *mo*

VINOS HÚNGAROS FAVORITOS
Péter Lengyel es un voraz traductor *freelance,* enófilo, asesor de vinos y crítico gastronómico.

Kéknyelű de Szászi (Badacsony) Elaborado con una uva poco conocida confinada al monte Badacsony, en la costa norte del lago Balatón, este blanco posee un buqué floral seductor pero suave.

Szent Tamás Furmint de István Szepsy's (Tokaj) Cosechado en los mejores viñedos de furmint seco, este es un blanco intenso, expresivo aunque sofisticado.

Rosado de Ruppert (Villány) Nítido, vinoso y seco; un rosado clásico con color a piel de cebolla.

Grande Selection de Tiffán (Villány) Una mezcla al estilo bordelés que juega con los grandes franceses; profundo, concentrado y persistente en boca.

6-puttonyos Aszú de István Szepsy (Tokaj) La "podredumbre noble" superior de Hungría de la mano del líder indiscutible en Tokaj. Dulcísimo, pero equilibrado con habilidad por su acidez firme.

roantik.hu), con su colección de espadas y pistolas antiguas, pero también de porcelanas, pinturas y objetos de Asia. Delante está **Dárius Antiques** (PLANO: 6 P. 88 B2; *dariusantik.hu*), con muebles, pinturas, cristal, porcelana, relojes y armas. **Anna Antikvitás** (PLANO: 7 P88 B2; *annaantikvitas.hu*) se especializa en manteles bordados, antiguos y rústicos, ropa de cama y trajes folclóricos. Al final de la calle está **Pintér Galéria** (PLANO: 8 P. 88 B3; *pinteraukcioshaz.hu*), con 2000 m² de espacio subterráneo donde vende desde muebles y arañas de luces a óleos y porcelana.

Retroceder a los malos tiempos
MUSEO INTERACTIVO

PLANO: 9 P. 88 C8

El **Museo Retro Interactivo de Budapest** (*bpretro.com; adultos/reducida 5500/4500 HUF*) retrocede a la Hungría de 1950-1989. El visitante se puede colocar al volante de un coche de policía Lada, visitar tiendas de la época, presenciar un telediario en un moderno estudio de televisión, llamar desde una cabina telefónica y entrar en una casa típica de Budapest, en la que no faltan los muebles naranjas de cocina. Aunque a veces parece un poco artificioso, el museo retrocede a un pasado no tan lejano y cumple con creces.

Visitar la Ópera
SALA DE CONCIERTOS

PLANO: 10 P. 88 E6

La neorrenacentista **Ópera Nacional de Hungría** (*opera.hu*) se

terminó de construir en 1884 y es uno de los edificios más bonitos de Budapest, sobre todo después de los cinco años de su reciente restauración. Se recomienda visitarla no solo para admirar su interior profusamente decorado sino para ver un espectáculo y comprobar esa acústica perfecta; la mejor de Europa. De no poder asistir a un espectáculo, se puede participar en uno de los tres circuitos de 1 h en inglés (9000 HUF), que incluye una actuación de 10 min al final.

MAGIARES DE PIES A CABEZA
Los húngaros han hecho impresionantes contribuciones en numerosos campos artísticos.
Brassaï (Halász Gyula; 1899-1984) Conocido por sus fotos de París de noche.
George Cukor (1899-1983) Productor y director de cine estadounidense.
Tony Curtis (Bernard Schwartz; 1925-2010) Imperecedero actor estadounidense.
Joe Eszterhas (1944-) Guionista estadounidense.
Harry Houdini (Erik Weisz; 1874-1926) Célebre artista del escapismo.
Bela Lugosi (Blaskó Béla; 1884-1956) El inigualable Drácula del cine.
Ernő Rubik (1944-) Inventor del icónico cubo rompecabezas.

Lo mejor para...

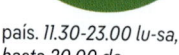

Localizaciones en el plano de la **p. 88**

€ Económico €€ Medio €€€ Alto

Comer

Imprescindibles en Lipótváros y Terézváros

Pizzica €

11 E5

Si hay una *pizza* mejor en Budapest, unos servidores no saben dónde encontrarla. *11.00-23.00 lu-ju, hasta 24.00 vi y sa*

Smokey Monkies €

12 C6

Si gustan los ahumados no se podrá evitar ir a este lugar por sus sándwiches y costillas a la barbacoa. *11.30-22.00 lu-sa, hasta 21.00 do*

Bigfish €€

13 F5

Pescado y marisco fresquísimo a elegir en los mostradores para luego decidir cómo lo preparan. *12.00-22.00*

Café Kör €€

14 C7

El "Café del Círculo" es uno de los favoritos de siempre para almorzar o cenar, pero también es ideal para comer algo ligero a cualquier hora. *12.00-22.00 lu-sa*

Mák €€€

15 B7

"Amapola" propone imaginativos menús degustación de platos hechos con ingredientes de la cuenca de los Cárpatos. *12.00-14.00 sa, 18.00-23.00 mi-sa*

Húngara

Kisharang €

16 C7

Diminuta *étkezde* (cantina) con algunos de los mejores y más asequibles platos húngaros de la ciudad. *11.30-22.00*

Kispiac Bisztró €€

17 C5

Restaurante retro y acogedor que prepara platos consistentes como costillas de jabalí y lechón asado. *12.00-22.00 ma-sa*

Pick Bistro & Deli €€

18 A5

Bistró húngaro y delicatesen delante del Parlamento donde probar el salami más famoso del país. *11.30-23.00 lu-sa, hasta 20.00 do*

Borkonyha €€€

19 C8

Restaurante con estrella Michelin y un enfoque contemporáneo de la cocina húngara; carta con más de 100 vinos. *18.00-24.00 lu-vi, 12.00-24.00 sa*

Asiática

Bombay Budapest €€

20 C7

Sofisticado y genuino restaurante indio con una amplia variedad de curris y platos vegetarianos. *11.30-16.00 y 18.00-24.00*

Opium €€

21 B7

Enorme restaurante y bar panasiático con una cocina híbrida que mezcla vietnamita con china y francesa. *11.30-23.00*

Jin Galbi €€€

22 C5

Sirve la mejor barbacoa coreana y tiene la mayor selección de *banchan* (platos de guarnición) de Budapest. *11.00-14.30 y 17.00-21.30 lu-sa*

Tokio Budapest

23 A7

El restaurante japonés más auténtico que se puede encontrar fuera de Japón, con todos los favoritos de una *izakaya* y precios a la altura. *12.00-24.00*

Beber

Para salir de fiesta

Alterego
24 E5

El mejor club gay de Budapest, con una clientela elegante, música fabulosa y espectáculos de *drag queens*. *22.00-5.00 vi, hasta 6.00 sa*

Morrison's 2
25 C1

Aún es el mayor local de fiesta de la ciudad; siete pistas de baile atraen a una clientela joven en su mayoría. *17.00-6.00*

Ötkert
26 B7

Este local diurno de *lángos* (torta de masa frita con coberturas) se convierte en una popular discoteca de tres pisos de jueves a sábado. *11.00-5.00 lu y mi-sa*

Kaledonia
27 F5

Bar de residentes extranjeros con más de 150 *whiskies* y cobertura deportiva en pantalla grande. *14.00-24.00 lu-vi, 12.00-24.00 sa y do*

Cafés

Espresso Embassy
28 B7

Hay quien dice que esta animada cafetería sirve las mejores opciones cafeteras de la ciudad. *7.00-17.00 lu-vi, desde 8.00 sa y do*

Artizán
29 C6

Maravillosa y moderna cafetería que sirve alimentos integrales sin aditivos, pan de masa madre artesanal y un café sobresaliente. *7.00-18.00 lu-vi, 7.30-13.30 sa*

Mai Manó Cafe
30 E6

Evocadora cafetería en el homónimo edificio *art nouveau* de 1894 en el Broadway de Budapest. *8.00-24.00 do-ju, hasta 1.00 vi y sa*

Smúz Cafe
31 A3

A unos servidores nos gusta el ambiente de este café y bar con vistas espectaculares del Parlamento y el Danubio, y nos encanta su nombre,

schmooze (socializar). *10.00-21.00 do-ju, hasta 22.00 vi y sa*

Comprar

Libros y música

Bestsellers
32 C7

La jefa de las librerías inglesas, con un personal atento. *9.00-18.30 lu-vi, 11.00-18.00 sa, 12.00-18.00 do*

Wave Music
33 D7

Cubículo lleno de LP de música alternativa; es un *outlet* excelente para música *indie* de guitarra. *11.00-19.00 lu-vi, hasta 17.00 sa*

Arte folclórico y recuerdos

Memories of Hungary
34 C7

Al oeste de la basílica, esta tienda de cadena tiene una buena selección de artesanías, casi todas genuinas. *10.00-22.00*

Originart Galéria
35 B6

Simpáticas artesanías húngaras que seguro que hacen sonreír, y a los niños les gustarán. *10.00-18.00 lu-vi*

Sugerencias
de lugares para
comer, beber
y comprar en
p. 108

Explora
Isla Margarita y norte de Pest

La arbolada isla Margarita (Margit-sziget), de 2,5 km de longitud, no está ni en Buda ni en Pest sino en medio del Danubio. No tiene lugares de interés destacados, pero se puede pasar medio día en sus piscinas, balneario, jardines y ruinas antiguas; es un buen sitio al que escapar del calor del verano. Los coches solo pueden entrar hasta los hoteles del extremo norte.

El barrio del este de la isla se llama Újlipótváros (Ciudad Nueva de Leopoldo) para distinguirlo de Lipótváros (Ciudad de Leopoldo) y es maravilloso, con calles arboladas, *boutiques,* cafés y restaurantes.

Cómo desplazarse

 Autobús
El autobús nº 26 recorre toda la isla, desde la estación de trenes de Nyugati al puente de Árpád. El nº 15 atraviesa Újlipótváros.

 Tranvía
Los tranvías nº 4 y 6 pasan por el extremo sur de ambos distritos, a los que se puede llegar desde el centro urbano en los tranvías nº 2, 2B o 23.

Trolebús
El trolebús nº 75 y, sobre todo, el nº 76, son excelentes para ir a Újlipótváros.

Ⓜ Metro
Es lo mejor (M3 Nyugati pályaudvar) para ir al extremo este de Újlipótváros.

Puente de Margarita (p. 107), isla Margarita.
ALEXEY OBLOV/SHUTTERSTOCK ©

★
LO MEJOR

RUINAS HISTÓRICAS
Convento dominico (p. 106)

ZAMBULLIDA
Palatinus Strand (p. 103)

OBSERVACIÓN DE TRENES
Parque de la Historia Ferroviaria de Hungría (p. 107)

DIVERSIÓN CON LOS 'FLIPPERS'
Museo del Pinball (p. 107)

MÚSICA A ÚLTIMA HORA
Budapest Jazz Club (p. 107)

Aquaworld

KASZÁSDŰLŐ

ÓBUDA

Isla de Óbuda
(Óbudai-
sziget)

Május
9 park

Újlipótváros

Parque
Szent
István

Hajógyári-
sziget (isla
de Óbuda)

ÚJLAK

UJLIPÓTVÁROS

Flórián
tér

Isla Margarita
(Margit-sziget)
Musical Well

Jardín
Japonés

Palatinus
Strand

Iglesia
premonstratense

Balneario
terapéutico
Ensana

Palatinus
Strand

Convento
dominico

Iglesia y
monasterio
franciscanos

ANGYALFÖLD

VÍZAFOGÓ

Jászai
Mari tér

Budapest
Jazz
Club

Margaret Island
(Margit-
sziget)

Piscina
Deportiva
Nacional Alfréd Hajós

FELHÉVIZ

LÓPORTÁRDŰLŐ

Parque
István
Szent

Elvis
Presley
tér

Puente de
Margarita
(Margit-híd)

Bem
József
tér

Jászai
Mari tér

UJLIPÓTVÁROS

Museo
del Pinball

Véase "Újlipótváros"

Río
Danubio

Más información

Imprescindible ⬢ p. 103
Experiencias ⬢ p. 106
Comer ⬢ p. 108
Beber ⬢ p. 108
Comprar ⬢ p. 109

0   500 m

★ **IMPRESCINDIBLE**

Sumergirse en la isla Margarita

Si apetece un chapuzón, no hay mejor lugar que la isla Margarita, ya sea dando unas brazadas en una piscina donde entrenan los atletas olímpicos, chapoteando en el mayor complejo de piscinas de Budapest, o relajándose en su balneario más moderno.

Dar unas brazadas

La **Piscina Deportiva Nacional Alfréd Hajós** (*nsu.hu/letesitmeny/hajos-alfred-nemzeti-sportuszoda; adultos/reducida desde 2500/1700 HUF*) cuenta con ochos piscinas cubiertas y exteriores que abren al público varias horas del día y de la semana. Más al norte, en el lado oeste de la isla Margarita, está **Palatinus Strand** (*adultos/niños desde 5000/3900 HUF*), con 11 piscinas (dos termales), máquinas de olas y toboganes acuáticos; es el mejor sitio para llevar a los críos en verano, pero hay piscinas cubiertas que abren todo el año.

Balneario termal

Casi en la punta norte de la isla, el **balneario terapéutico Ensana** (*ensanahotels.com; adultos/reducida 10 000/6000 HUF*) es moderno y está impecable. Con la entrada de un día se pueden utilizar las piscinas, la sauna y la sala de vapor. La lista de tratamientos terapéuticos impresiona.

Parque acuático

Aquaworld (*aqua-world.hu; adultos/niños desde 7500/3800 HUF*) es uno de los mayores parques acuáticos de Europa, en la punta norte de Pest. Tiene un centro de aventuras cubierto por una cúpula de 72 m de altura, piscinas con toboganes y toda suerte de saunas. Se puede llegar en el tranvía nº 14 desde Lehel tér, o en el autobús nº 30 desde la estación de trenes de Keleti.

CONSEJO
Casi todas las piscinas y baños son unisex, así es que se tendrá que llevar un bañador o alquilarlo, y unas sandalias/chanclas para no resbalar.

Escanea este código QR para más información sobre Palatinus Strand.

EXPLORA

ISLA MARGARITA Y NORTE DE PEST

De punta a punta de la isla

No hay mejor forma de explorar la isla Margarita que recorrerla a pie de punta a punta, del puente de Margarita al puente de Árpád. Se puede empezar caminando o tomar el tranvía nº 4 o 6 hasta la mitad del puente de Margarita (parada: Margit-sziget/Margit-híd) donde hay un ramal que baja a la isla.

INICIO	FINAL	DURACIÓN
Puente de Margarita	Puente de Árpád	2,5 km; 2 ½ h

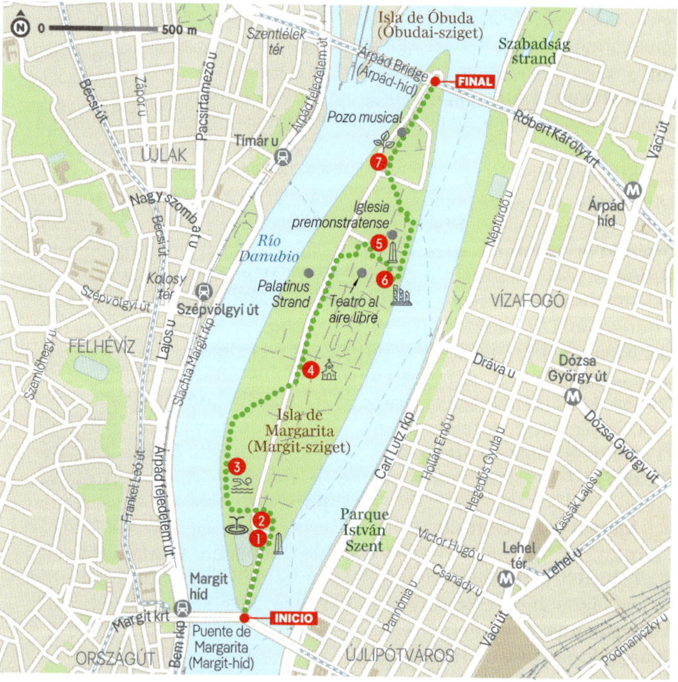

1 Nacimiento de una ciudad

Al bajar del puente de Margarita hay una rotonda con flores y el **monumento del Centenario,** hueco y romboidal, que se inauguró en 1973 para conmemorar el centenario de la unión de Buda, Pest y Óbuda. En la década de 1970, dado el contexto, el escultor llenó la oquedad del cono con símbolos socialistas y nacionalistas.

2 Bailes acuáticos

Detrás del monumento está la encantadora **fuente musical** que ofrece, cinco veces al día, un espectáculo de chorros de agua "que bailan" al son de la música. En el pase de las 21.00 (el último) la fuente se ilumina con luces de colores.

3 Sumergirse

La primera de las dos populares piscinas de la isla es la **Piscina Deportiva Nacional Alfréd Hajós** (p. 103), donde entrenan los equipos olímpicos de natación y waterpolo. Debe su nombre al campeón olímpico de natación que ganó las competiciones de 100 m y 1200 m de estilo libre en las primeras Olimpiadas modernas, en 1896. El enorme complejo **Palatinus Strand** (p. 103) está al norte.

4 Iglesia y monasterio

Entre las dos piscinas, se pasará por la torre y el muro ampliado de la **iglesia y monasterio franciscanos** del s. XIII (p. 106). El archiduque José de Habsburgo construyó una residencia de verano allí (que se demolió hace tiempo) en 1867 cuando heredó la isla, y fue un hotel hasta después de la II Guerra Mundial.

5 Mirador de la isla

Al norte se alza la emblemática y octogonal **torre del agua** (margit szigetiszinhaz.hu; adultos/niños 500/300 HUF), de 57 m, construida en estilo Secesión en 1911. Para disfrutar de unas vistas de 360º de la isla hay que subir sus 152 escalones. Debajo hay un **teatro al aire libre** con aforo para 3500 personas que programa conciertos y teatro en verano.

6 Lugar de peregrinación

A pocos pasos al este hay más ruinas, entre ellas un antiguo **convento dominico** (p. 106) y la tumba de santa Margarita, que es una especie de lugar de peregrinación. Más al norte está la reconstruida **iglesia premonstratense** (p. 106), de estilo románico, dedicada a san Miguel.

7 Jardín con música

Siguiendo hacia el oeste se paseará por el exquisito **jardín Japonés** (p. 106) para dar con el histórico **pozo musical** (p. 106). Cerca hay una parada del autobús nº 26 que lleva al puente de Margarita en dirección sur, y a la la estación de metro de Göncz Árpád Városközpont de la M3 hacia el norte.

EXPERIENCIAS

Viajar a la Edad Media
RUINAS RELIGIOSAS

La isla Margarita fue siempre dominio de una u otra orden religiosa hasta la llegada de los turcos a mediados del s. XVI, cuando convirtieron la que entonces se llamaba la isla de los Conejos en –bueno– un harén, al que los infieles tenían prohibido entrar.

En el lado noreste de la isla, la románica **iglesia premonstratense** (PLANO: ❶ P. 102 **B4**), dedicada a san Miguel por la orden de los Canónigos Premonstratenses, es del s. XII, pero fue reconstruida en 1931. Al sur están las ruinas del **convento dominico** (PLANO: ❷ P. 102 **B4**) del s. XIII, construido por Béla IV, donde su hija, santa Margarita, tomó los hábitos. Siguió funcionando como convento hasta la invasión otomana. Al lado están los vestigios de un palacio medieval.

Al suroeste, casi en el centro de la isla, están las ruinas reconstruidas de una otrora **iglesia y convento franciscano** (PLANO: ❸ P. 102 **A4**) de finales del s. XIII. En el muro occidental aún puede verse una puerta que conduce al altillo del órgano, una escalera de caracol y una bonita ventana arqueada.

Disfrutar de la música entre flores
JARDÍN CON MÚSICA

En el extremo noroeste de isla Margarita, el **Jardín Japonés** (PLANO: ❹ P. 102 **B3**) tiene estanques con carpas koi y nenúfares, pero también bambudales, arces japoneses, metasecuoyas, cipreses, un puentecito de madera y una cascada. Que nadie se sorprenda si escucha de fondo una música fuera de lugar y toques de trompeta. Viene del **pozo musical** (PLANO: ❺ P. 102 **B3**) que hay a pocos pasos en una glorieta. Esta es la réplica de una fuente de 1936 de Marosvásárhely (ahora Târgu Mureş) en Transilvania, y está coronada con una estatua de Neptuno que gira (en teoría) en línea con el Sol. La estructura toca melodías húngaras cada hora en punto y una tonadilla de cuatro trombones cada media hora.

 SANTA MARGARITA: RESIDENTE Y TOCAYA

La residente más famosa de la isla Margarita fue la homónima Margarita (1242-1271), la hija de Béla IV. Cuenta la leyenda que el rey se comprometió a ingresarla en un convento si a cambio Dios les ayudaba a expulsar a los mongoles que habían invadido Hungría en 1241. Según *Las vidas de los santos*, Margarita disfrutó de su vida de devoción, sobre todo de los momentos de la mortificación de la carne. No fue canonizada hasta 1943 y santa Margarita inspira un seguimiento de culto en Hungría. Entre las ruinas del convento dominico, en un sepulcro de mármol rojo, descansa la santa.

Observar trenes históricos

MUSEO DE TRANSPORTE

PLANO: **6** P. 102 **D4**

Aunque un poco alejado de Újlipótváros –a 4,5 km al noreste de Lehel tér–, el **Parque de la Historia Ferroviaria de Hungría** (*vasuttortenetipark.hu; adultos/niños 2700/1200 HUF*) entusiasmará a los aficionados a los trenes. Casi todo el museo está al aire libre y, al parecer, es el mayor parque de atracciones ferroviarias de Europa, con 100 locomotoras y demás máquinas rodantes, más una exposición sobre la historia del ferrocarril en Hungría. Hay muchas actividades prácticas para los niños, la mayoría al volante. Subirse a la locomotora en miniatura es una gozada. Para llegar hay que tomar el tranvía nº 14 desde Lehel tér, o el autobús nº 30 o 30A desde la estación de trenes de Keleti.

Jugar al 'pinball' hasta desfallecer

MUSEO INTERACTIVO

PLANO: **7** P. 102 **B6**

Se puede soltar al Elton John que uno lleva dentro –con o sin las botas de 1,5 m de altura (como en la película *Tommy* de 1975)– en el **Museo del Pinball** (*flipper muzeum.hu; adultos/reducida 5000/3600 HUF*) en Újlipótváros. Aunque bastante especializado y singular, este sótano alberga 160 máquinas de millón *vintage* en las que se puede jugar menos en las de madera más antiguas, que son de 1947. Es la mayor colección interactiva que hay en Europa que abre al público, con un gran club de fans.

PUENTE CON UN ÁNGULO

El puente de Margarita introduce la Gran Carretera de Circunvalación en Buda. Su particularidad es que hace un ángulo en la mitad allí donde toca con la punta sur de la isla Margarita para quedar en perpendicular al Danubio. Fue el segundo puente permanente sobre el Danubio en Budapest y se construyó en 1876. El ramal que conduce a la isla se añadió en 1901. Se destruyó durante la II Guerra Mundial, como el resto de puentes del Danubio, pero se reconstruyó cuando terminó la contienda. En la reconstrucción, se incorporó buena parte del acero original, que se recuperó del río.

Escuchar 'jazz'

MÚSICA EN DIRECTO

PLANO: **8** P. 102 **C3**

Quien quiera escuchar *jazz* (tradicional, fusión, *latin* o vocal) debería ir al sofisticado **Budapest Jazz Club** (*bjc.hu*). Los artistas internacionales y locales tocan en esta moderna sala de conciertos, equipada con un sistema de sonido de última generación. Los conciertos son casi cada noche a las 20.00, con *jam sessions* normalmente a las 22.00 (*ju-sa*).

Lo mejor para...

Localizaciones en el plano de la **p. 102**

Ⓔ Económico ⒺⒺ Medio ⒺⒺⒺ Alto

Comer

Húngara

Pozsonyi Kisvendéglő Ⓔ

9 C2

Restaurante para vivir la experiencia definitiva en Budapest: raciones colosales de clásicos húngaros, precios tirados y un elenco de personajes de la zona. *9.00-24.00 lu-vi, desde 10.00 sa y do*

Firkász ⒺⒺ

10 D2

Un lugar ineludible para la "nostalgia" gracias a los recuerdos en las paredes, la fabulosa cocina casera y la música suave de piano tres noches por semana. *12.00-23.00*

Kiskakukk ⒺⒺ

11 C2

Este restaurante húngaro tradicional lleva más de un siglo sirviendo la clásica *gulyásleves* (sopa de ternera) y el *sólet* (estofado) al estilo judío

con ganso ahumado. *12.00-24.00*

De Oriente Medio y mediterránea

Babka ⒺⒺ

12 C2

Excelente *meze* y otros platos de Oriente Medio, camareros simpáticos y una clientela moderna. *17.00-23.00 lu, 12.00-23.00 ma, mi y do, hasta 24.00 ju-sa*

Okay Italia ⒺⒺ

13 B6

Este lugar sempiternamente popular propone una carta extensa, pero la mayoría de los comensales acuden por sus imaginativas pasta y *pizza*. *11.00-23.00 lu-vi, desde 11.30 sa y do*

UnoMas ⒺⒺⒺ

14 C2

Un nuevo y elegante restaurante ibérico en "la calle de los restaurantes" que ofrece tapas genuinas pero caras y platos de pescado y marisco que están muy ricos. *12.00-24.00*

Asiática

Oriental Soup House Ⓔ

15 D1

Este restaurante de sopas vietnamitas es bastante sofisticado y sirve genuinas *pho* y *bun cha*, con versiones vegetarianas. *11.30-22.00 do-ju, hasta 23.00 vi y sa*

Punjab Tandoori Ⓔ

16 D3

Ampliado y más luminoso, pero aún sirve de la mejor cocina india de Budapest, sobre todo su inconfundible *tandoori* y los platos vegetarianos. *12.00-22.00 ma-do*

Beber

'Pubs' y bares

Gaby's

17 B2

En el Danubio, este bar y restaurante *gay-friendly* que lleva un estadounidense es justo lo que se necesita para un cóctel, o tres. *12.00-23.00 do-ju, hasta 24.00 vi y sa*

Blue Tomato
 D3

Esta taberna popular parece sacada de la serie estadounidense *Cheers*. *11.00-24.00 lu-mi, hasta 2.00 ju, hasta 4.00 vi y sa, hasta 23.00 do*

Mosselen
 D3

Bar/restaurante con una amplia carta de cervezas belgas, que incluye ocho de barril y 50 de botella con notas afrutadas. *12.00-24.00*

Copas al fresco

Hippie Island
 A5

Con símbolos de la paz y colores psicodélicos por doquier, este café de temporada de isla Margarita es de otra época, pero es cómodo y con gran espacio al aire libre. *8.30-24.00*

Figaró Kert
21 **B6**

Bar y café de temporada que es un oasis en la jungla de asfalto de Újlipótváros. *8.30-22.00*

Sarki Fűszeres
22 **B5**

Este divino café retro en un edificio *art déco* es ideal para un *brunch*, un desayuno tardío o un café de especialidad. Mesas al fresco. *8.00-18.00 lu, hasta 20.00 ma-vi, 9.00-17.00 sa, hasta 15.00 do*

Cafés

Dunapark
23 **B5**

Este emblemático lugar *art déco,* construido como cine en 1938, es un restaurante para picar algo, o tomarse un café y un pastel. *9.00-21.00*

Babka Deli
24 **C1**

Esta *deli* tan neoyorquina también es un lugar fantástico para tomar un café o algo dulce a cualquier hora del día. *9.00-19.00 lu-vi, hasta 18.00 sa y do*

Stranger Cafe
25 **B6**

Café sencillo pero muy acogedor, apartado del bullicio de Pozsony út. Fabuloso para un *brunch* o descansar un rato. *8.00-19.00 lu-vi, 10.00-18.00 sa y do*

Comprar

Comida y bebida

Mézes Kuckó
26 **C3**

En la diminuta "Choza de miel" hay galletas de frutos secos y miel, coloridos *mézeskalácsok* (pastelitos de miel) en forma de corazón y varios tipos de miel. *10.00-18.00 lu-vi, 9.00-13.00 sa*

Ligeti Bolt
27 **B6**

Tienda libre de plásticos y de todo a granel que vende pasta, frutos secos, mermeladas, productos lácteos y de larga duración y accesorios de cocina. *9.00-19.00 lu-vi, 10.00-15.00 sa*

Zsebi
28 **C2**

Fantástica panadería con un gran surtido de productos horneados, y mermeladas, conservas y miel de fabricación propia. *7.30-17.30*

Fromage
29 **C1**

Hasta arriba de quesos, embutidos y demás ingredientes para una merendola en la isla Margarita. *7.30-20.00 lu-vi, 8.30-19.00 sa*

Stühmer
30 **C2**

Tienda de dulces que vende chocolate hecho en Hungría desde 1868. *9.00-19.00 lu-sa*

Sugerencias de lugares para comer, beber y comprar en **p. 125**

Explora
Erzsébetváros y el barrio judío

En el corazón de Budapest y profundamente enraizado en su pasado, se encuentra Erzsébetváros, uno de los barrios con más vida de la ciudad donde seguro que se pasará gran parte del tiempo. De día es bonito para pasear, con cafés coquetos, tiendas *vintage,* arte urbano, museos fabulosos e infinidad de testimonios de la gran comunidad judía que siempre ha vivido ahí. Por la noche se convierte en un barrio de fiesta, con turistas y capitalinos copeando en bares ruina, clubes jardín, bares de vinos y de cervezas artesanas. Es donde nació el fenómeno de *pub* en ruinas *(romkocsma)* y no para de crecer.

Cómo desplazarse

 A pie
Es lo más fácil para moverse por Erzsébetváros.

Patinete eléctrico
De alquiler en la aplicación de Lime, pero cuidado con el tráfico en las calles estrechas.

Tranvía n° 74
Va de la Gran Sinagoga al parque de la Ciudad.

 M2
Hay varias estaciones de metro, a destacar Astoria, Blaha Lujza tér y la estación de trenes de Keleti.

Tranvía n° 4-6
Va de Erzsébet körút a Buda o al resto de Pest.

New York Café (p. 120).
JULIANO GALVAO GOMES/SHUTTERSTOCK ©

★
LO MEJOR

INTERÉS HISTÓRICO
Gran Sinagoga (p. 114)

MUSEO DESTACADO
Casa del Terror (p. 115)

MUSEO CURIOSO
Academia de Música Ferenc Liszt (p. 120)

CAFÉ HISTÓRICO
New York Café (p. 120)

LOCAL NOCTURNO
Szimpla Kert (p. 124)

Casa Léderer
8

Casa Museo Ferenc Liszt
3

Casa del Terror

Iglesia calvinista de Fasor
9

Lövölde tér

Casa Lindenhaum
6

ERZSÉBETVÁROS

TERÉZVÁROS

Hunyadi tér

7

Estación de trenes de Nyugati
2

OESTE DEL CENTRO CIUDAD

LIPÓTVÁROS

0   200 m

Más información

★ Imprescindible p. 114
✖ Experiencias p. 120
✕ Comer p. 125
🍷 Beber p. 125
🛍 Comprar p. 125

5 **6** **7** **8**

F

JÓZSEFVÁROS

Kiss József u

Bezerédi u

Szövetség u

Alsóerdősor u

23

Hevesi
Sándor
tér

Szövetség u

Almássy u

Almássy
tér

Szövetség u

Csokonai u

Népszínház u

E

New York
Café

1

Osvát u

József krt

Bacsó u

Escuela Bilingüe
de Primaria de
Erzsébetváros **10**

Blaha
Lujza tér

Somogyi B u

Sajtó u

Harsfa u

Erzsébet krt

Beautify
Budapest

15

Motivation is
a Wonderland

17

Füge
Udvar **30**

Klauzál u

D

Academia de Música
Ferenc Liszt

2

Kürt u

Kertész u

57

Csányi5

Akácfa u

Gyulai Pál u

ERZSÉBETVÁROS

Nyár u

CoXx **25**

Rákóczi u

Instant-
Fogas **29**

Akácfa u

Dohány u

22

Csányi u

Klauzál
tér

E-Exit **14**

Museo Húngaro de
Ingeniería Eléctrica

27

Neverland

12

41

C

Kis Diófa u

Nagy Diófa u

Kazinczy u

33

Szimpla
Kert

28

37

Akácfa u

Hegedüs Gy u

Nagymező u

Köleves
Kert

35

31

34

Wesselényi u

Kazinczy u

Sip u

Gran
Sinagoga

24

Andrássy út

36

Király u

Kertész u

Nagymező u

Hollo u

13

Gozsdu
Mission

Mural Rubik's
Cube

Angel of
Budapest

16

Dob u

Rumbach Sebestyén u

Kazinczy u

11

26

Tuk
Tuk Bar

38

Gozsdu
Udvar

4

39

Sissi

20 **19** **18**

63

Dohány u

Madách Imre út

Károly krt

B

40

Dalszínház u

Paulay u

Vasvári Pál u

Bajcsy-Zsilinszky út

Bank u

Podmaniczky
Frigyes tér

Ó u

Nagymező u

Kálmán Gyula u

42

Asbóth u

Gerlóczy u

Síp u

Semmelweis u

BELVÁROS

A

Szent
István tér

Erzsébet
tér

Deák Ferenc u

Bálint u

Károly krt

Deák
Ferenc
tér

Városház u

5 **6** **7** **8**

⭐ **IMPRESCINDIBLE**

Gran Sinagoga

Con la fachada bicolor y dos enormes torres de estilo islámico, la impresionante Gran Sinagoga de Budapest es el templo judío más grande de Europa. Se puede visitar por su majestuosa arquitectura, por el Museo y Archivo Judío de Hungría y por el Monumento Árbol de la Vida, en recuerdo del Holocausto.

PLANO: P. 112 **B8**

CONSEJO
La entrada incluye un circuito de 45 min en ocho idiomas. Una vez en el interior, solo hay que colocarse bajo la bandera del idioma deseado y esperar allí al guía. Los circuitos empiezan cada 30-60 min.

Escanea este código QR para información sobre horarios, entradas y demás.

La "catedral judía"

Como la Gran Sinagoga se terminó en 1859 para los judíos neológicos –liberales, progresistas y reformistas más inclinados a la integración en la sociedad húngara desde la Era de la Emancipación en el s. XIX– cuenta con elementos típicamente cristianos, como púlpitos, un órgano de 5000 tubos y un rosetón central. Atención especial merecen las tallas en el Arca de la Alianza, y los frescos geométricos, dorados y de otros colores, en paredes y techo.

Parque conmemorativo Raoul Wallenberg

Lo que tenía que ser un jardín se convirtió en un cementerio para los casi 2600 judíos asesinados durante el Holocausto. La pieza central es el Monumento Árbol de la Vida en recuerdo del Holocausto. Cerca hay un monumento de mármol negro dedicado a dos docenas de "Justos entre las Naciones". Detrás, una vidriera recuerda a las víctimas del Holocausto, y en la parte de delante, una placa conmemora a Nicholas Winton, el "Schindler británico" que interpretó Anthony Hopkins en la película *Los niños de Winton* de 2023.

Museo y Archivo Judío de Hungría

El anexo del piso superior atesora interesantes objetos religiosos y cotidianos, tales como objetos litúrgicos de plata, manuscritos y una docena de vitrales con escenas bíblicas.

Casa del Terror

Este museo se concentra en las atrocidades cometidas por los regímenes fascista y estalinista de Hungría y recuerda a sus víctimas. La exposición permanente ocupa el antiguo cuartel general de los nazis húngaros y posterior jefatura de la policía secreta comunista donde se encarcelaba, interrogaba y torturaba a los "enemigos del Estado".

Un edificio inquietante

PLANO: P. 112 **D3**

Las paredes del cuartel del partido nazi húngaro Cruces Flechadas, y más tarde (de 1945 a 1956) de la policía secreta comunista (la ÁVÓ y su sucesora, la ÁVH), eran de doble grosor para amortiguar los gritos. Al llegar, la fachada muestra fotos de las víctimas; en la entrada, la estrella (comunista) y la (fascista) cruz griega flechada y un enorme tanque en el patio central resultan estremecedores.

Descender a la oscuridad

Hay un ascensor al último piso, lugar de las exposiciones sobre la historia previa y posterior a la II Guerra Mundial, donde conocer mejor los acontecimientos que desembocaron en la Revolución de 1956. El sótano es la zona más desgarradora del museo, un verdadero reino del miedo y el dolor.

"No solo vigilarlos, también odiarlos"

El lema de la ÁVÓ se mete bajo la piel cuando se ven las celdas reconstruidas del sótano, donde se detenía y torturaba sin piedad a la gente. El Salón de las Lágrimas es un lugar solemne donde presentar los debidos respetos, aunque mirar a los ojos de espías, torturadores y traidores en la Galería de los Criminales de la escalera pone los pelos de punta.

CONSEJO
Se puede alquilar una audioguía, pero hay información en papel (en inglés) en cada sala.

Escanea este código QR para información sobre horarios, entradas y demás.

CIRCUITO A PIE

Erzsébetváros y el barrio judío

El centro de Erzsébetváros siempre ha sido en su mayoría judío, y fue también el gueto de Budapest donde se confinó a los judíos cuando los nazis ocuparon Hungría en 1944. Se pueden conocer los lugares de interés más importantes de la historia judía y toparse, de paso, con arte urbano, cafés y restaurantes.

INICIO	FINAL	DURACIÓN
Liszt Ferenc tér	Monumento en recuerdo del Muro del Gueto	2,5 km; 1 ½ h

EXPLORA

ERZSÉBETVÁROS Y EL BARRIO JUDÍO

Map:

N 0 ——— 200 m

Liszt Ferenc tér
INICIO 1
Academia de Música Ferenc Liszt

M Opera
Iglesia de Santa Teresa

Edificio neogótico 2

Klauzál tér

ERZSÉBETVÁROS

5 4
3
6
Dos murales
Rumbach Sebestyén u.

BELVÁROS

Parque Conmemorativo Raoul Wallenberg
7 8 FINAL

Blaha Lujza tér

1 Tras los pasos de Franz Liszt

Se parte de la **Liszt Ferenc tér** (p. 120), llena de restaurantes y cafés, para ver la estatua de Franz (en húngaro Ferenc) Liszt y asomarse a la ostentosa **Academia de Música Ferenc Liszt** (p. 120), universidad y sala de conciertos.

2 Los judíos neológicos

Se va hacia el suroeste por Király utca y se pasa por la **iglesia de Santa Teresa,** con un enorme altar neoclásico de 1822. Justo enfrente, en Király utca 47, conviene fijarse en un edificio neogótico de 1847, con una arrebatadora ventana salediza. Después se tuerce por Csányi utca, donde está **Csányi5** (p. 123), un museo que muestra la vivienda de una familia de judíos neológicos del s. XIX.

3 Sinagoga con pinceladas 'art nouveau'

Se sigue hasta el corazón de la antigua judería, **Klauzál tér.** Las calles aledañas y los muchos restaurantes *kosher* de la zona dan fe de la presencia continuada de judíos. Cerca está la **sinagoga de la calle Kazinczy,** con elementos *art nouveau* y geométricos de alegres colores.

4 Echar un vistazo

Se retrocede y se sigue por Király utca, y, si está abierta la puerta del nº 5, en la parte trasera del patio hay 30 m del **muro original del gueto,** reconstruido en el 2010. Si no está abierta, se puede mirar por la rendija de la puerta.

5 Cafés, bares y discotecas

El siguiente desvío a la izquierda es el pasaje llamado **Gozsdu Udvar** (p. 121), hoy meca de la fiesta nocturna en el barrio, con bares, cafés, discotecas y restaurantes.

6 Una sinagoga impresionante

Se continúa por Dob utca hasta Rumbach Sebestyén utca. Se pasará por un monumento muy curioso en recuerdo del cónsul suizo Carl Lutz, quien, como Raoul Wallenberg, facilitó documentación falsa a los judíos en 1944. Antes de llegar a la **sinagoga de la calle Rumbach,** con su interior rojo, azul y dorado, símbolos del corazón, el intelecto y la riqueza, conviene fijarse en dos importantes **murales** (p. 122).

7 La sinagoga más grande de Europa

Se da media vuelta hacia la **Gran Sinagoga** (p. 114), el templo judío más grande de Europa. El Parque Conmemorativo Raoul Wallenberg bien vale una visita.

8 El viejo barrio judío

Se sigue por Dohány utca hasta el **Monumento en recuerdo del Muro del Gueto,** que exhibe un mapa de la vieja judería con agujeritos para ver escenas históricas, versículos religiosos y un resumen de la vida judía en Budapest.

CIRCUITO A PIE

Descubrir estatuas de guerrilla

El artista húngaro-ucraniano Mihály Kolodko coloca adorables estatuillas de bronce por todo Budapest que invitan a la reflexión y, a menudo, a una sonrisa. Este recorrido va en busca de algunas de sus mejores obras, pero hay que fijarse bien porque no todas se ven a simple vista.

INICIO	FINAL	DURACIÓN
Gran Sinagoga	Parque de la Ciudad	3,5 km; 2 h

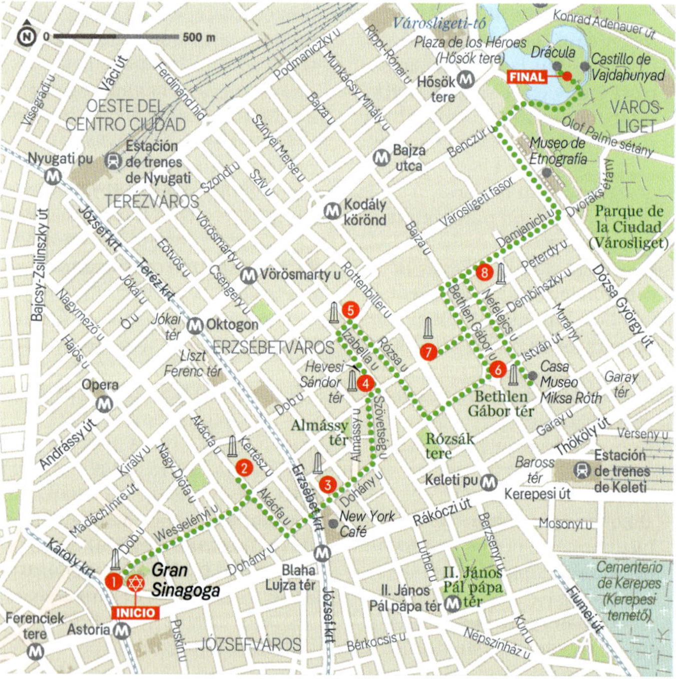

1 Conocer a Theodor Herzl

Se parte de la **Gran Sinagoga** (p. 114), donde delante hay una farola con una **estatuilla de Theodor** (en húngaro **Tivadar**) **Herzl,** el padre del sionismo político moderno.

2 El autor de 'Gloomy Sunday'

Se enfila Wesselényi utca hasta Akácfa utca. En la fachada del nº 38 está **Rezső Seress,** el autor de la "canción de los suicidas" de Hungría, *Gloomy Sunday*.

3 Llaves legendarias

Delante del **New York Café** (p. 120) aguarda un **buzo** que ha recuperado en el Danubio las llaves del café. Se cuenta que el día que se inauguró en 1894, el escritor Ferenc Molnár y sus colegas periodistas lanzaron las llaves de la cafetería al Danubio para que nunca pudiera cerrar. Quizá esto ocurriera de verdad en 1927 cuando el café volvió a abrir después de la I Guerra Mundial (porque en 1894 Molnár solo tenía 16 años), pero lo cierto es que desde entonces se ha ido repitiendo más veces con una llave falsa.

4 Un Alfa Romeo

En Hevesi Sándor tér se encuentra el no tan pequeño **coche de 14 quilates,** un Alfa Romeo en recuerdo del escritor húngaro Jenő Rejtő.

5 Una heroína húngara

En Rózsa utca 36 está la estatuilla de **Hanna Szenes,** una de los 37 reclutas judíos de la SOE (agentes que realizaban tareas de espionaje, sabotaje y reconocimiento en la Europa ocupada por los alemanes) que saltaron en paracaídas sobre Yugoslavia para evitar la deportación de judíos húngaros en 1944.

6 Echar un vistazo

En Bethlen Gábor tér, se mira en el interior del **Arca de Noé** para ver escenas de este pasaje de la Biblia.

7 El gato más perezoso

La de **Garfield** es la única estatua de color de Kolodko, creada en el 2023 para celebrar el 45º aniversario de este personaje. Está en la verja trasera de la Universidad de Veterinaria, en Dembinszky utca.

8 Winnie the Pooh y más

En la fachada de Damjanich utca 27, cuelga **Winnie The Pooh** de un tarro de miel vacío, en recuerdo al escritor húngaro Frigyes Karinthy que tradujo el cuento de Milne al húngaro y nació en esta casa. Cerca, en Nefelejcs utca, dentro de la **Casa Museo Miksa Róth** (p. 121), un **Róth** en miniatura concibe su próxima obra bajo una lámpara, mientras en el **parque de la Ciudad** (p. 138) se encontrará a **Drácula** (p. 28), encarnado por el actor húngaro Béla Lugosi, leyendo detrás del **castillo de Vajdahunyad** (p. 138), y un **monopatín con botas y huesos** junto al **Museo Etnográfico** (p. 141).

EXPERIENCIAS

Deslumbrarse en el New York Café
CAFETERÍA

PLANO: ① P. 112 **E7**

En Erzsébetváros llaman la atención las largas colas frente al **New York Café** *(newyorkcafe.hu)*. Muchos viajeros priorizan la visita a este histórico lugar de encuentro, en su día votada la mejor cafetería del mundo. Allí se respira la cultura de los cafés del s. XIX en estado puro, entre superficies doradas y marmóreas, cristal grabado, frescos y flores, mientras la música húngara en vivo lo impregna de un ambiente aristocrático. Durante la *belle époque* húngara, el café fue lugar de reunión de los grandes literatos del país y la cuna de muchos libros, poemas y periódicos destacados.

Visitar la Academia de Música Ferenc Liszt
ACADEMIA Y SALA DE CONCIERTOS

PLANO: ② P. 112 **D5**

La **Academia de Música Ferenc Liszt** *(zeneakademia.hu)* abrió en 1875 y es la única universidad del mundo fundada por Franz Liszt. Hoy está en un edificio *art nouveau* de 1907 que además es la mejor sala de música clásica de Budapest. El renovado interior, profusamente decorado con porcelana Zsolnay y frescos, tiene dos salas de conciertos. Aunque no se asista a un concierto, vale la pena visitarla con un guía *(5300 HUF)*. Cerca de la academia, en Liszt Ferenc tér, una estatua recuerda al gran compositor.

Conocer la Casa Museo Ferenc Liszt
MUSEO

PLANO: ③ P. 112 **D3**

Este maravilloso y pequeño **museo** *(lisztmuseum.hu; adultos/estudiantes 3000/1500 HUF)* está en la Antigua Academia de Música donde Franz Liszt vivió cinco años en un piso de la 1ª planta hasta su muerte en 1886. Las habitaciones conservan sus pianos (también uno diminuto de cristal) y sus efectos personales.

🎵 LA PRIMERA SUPERESTRELLA DE LA MÚSICA

Que las jóvenes chillen y se desmayen al ver a sus ídolos de la música no es nada nuevo. Pero ¿alguien sabía que este fenómeno ya empezó en las salas de conciertos de música clásica de la Europa del s. XIX? "Lisztomanía" fue un término acuñado por un poeta alemán y contemporáneo de Franz Liszt, Heinrich Heine, quien observó cómo "las mujeres se tiraban del pelo entre sí para intentar conseguir una copa o pañuelo usados por Liszt". Uno de los mejores pianistas de todos los tiempos era un verdadero artista que sacudía su melena y se balanceaba sobre el teclado embelesando a su público a menudo fuera de sí.

De copas por Gozsdu Udvar

VIDA NOCTURNA

PLANO: **4** P. 112 **B7**

Erzsébetváros cuenta con la oferta nocturna más emocionante de Budapest y **Gozsdu Udvar** es su corazón. Es un "patio" ininterrumpido que se extiende a cientos de metros entre Király utca y Dob utca. Cuando se construyó en 1901 era un complejo residencial de siete bloques y seis patios interconectados, durante la II Guerra Mundial fue parte del gueto judío y hoy está flanqueado por discotecas, cafés y restaurantes, con música y fiesta del atardecer al alba.

Descubrir la Casa Museo Miksa Róth

MUSEO

PLANO: **5** P. 112 **F6**

Muchos edificios de Budapest de la *belle époque,* como el Parlamento, los Baños Széchenyi, Gresham Palace y un sinfín de mansiones privadas, no serían lo mismo sin la aportación del famoso artista de los vitrales y el mosaico Miksa Róth, quien incluso dejó su impronta en la cúpula del Palacio de Bellas Artes de Ciudad de México. Este fabuloso **museo** *(rothmuzeum.hu; adultos/estudiantes 1000/500 HUF)* en Nefelejcs utca, no lejos del parque de la Ciudad, exhibe sus obras en dos plantas del piso y estudio donde vivió y trabajó desde 1911 hasta su muerte. La 1ª planta está tal cual la dejó la familia Róth, una buena manera de ver la vivienda de una familia húngara de clase media del s. XX. En el piso de abajo se expone toda suerte de piezas de vidrio y mosaico de Róth, a destacar *Pax*, ganadora de una medalla de plata en la Exposición Universal de París de 1900, y una asombrosa chimenea *art nouveau.*

Admirar edificios 'art nouveau'

EDIFICIOS NOTABLES

En Erzsébetváros hay muchas escuelas, iglesias y casas privadas que son ejemplos excepcionales de *art nouveau.* Proyectado por Frigyes Spiegel en 1896 como el primer bloque *art nouveau* de Budapest, la fachada de la **Casa Lindenbaum** (PLANO: **6** P. 112 **C2**; *Izabella utca 94*) está cubierta de soles, estrellas, pavos reales, flores, serpientes, zorros y desnudos con tirabuzones. Las dos esculturas de mujeres que enmarcan la puerta principal de la **Casa Sonnenberg** (PLANO: **7** P. 112 **E1**; *Munkácsy Mihály utca 23*) son poco comunes. La **Casa Léderer** (PLANO: **8** P. 112 **E1**; *VI Bajza utca 42*) luce bonitos mosaicos bajo la cornisa principal. La **iglesia calvinista de Fasor** (PLANO: **9** P. 112 **F3**; *VII Városligeti fasor 7*) es un ejemplo asombroso de *art nouveau* tardío (1913), con puertas de madera labrada, vitrales y azulejos de cerámica. Para acabar, no hay que perderse la **Escuela Bilingüe de Primaria de Erzsébetváros** (PLANO: **10** P. 112 **E5**; *VII Dob utca 85*), con mosaicos frontales en la fachada.

Pasear por Andrássy út AVENIDA

PLANO: **11** P. 112 **B5**

Andrássy út, avenida declarada Patrimonio Mundial por la Unesco que empieza en Deák Ferenc tér y termina en la plaza de los Héroes y el parque de la Ciudad, es un bulevar con edificios sensacionales que se aprecian mejor dando un largo paseo desde la Ópera Nacional de Hungría hasta el parque. Para recorrerla a mayor velocidad, se puede tomar el Metro del Milenio, la línea de metro más antigua de Europa continental.

Divertirse con juegos de 'Escape' 'ESCAPE ROOMS'

Al entrar, la puerta se cierra tras el visitante y el reloj empieza a correr. No hay que perder tiempo y resolver los acertijos y complicados rompecabezas para poder salir. Sobre la marcha aparecen pistas complicadas para descifrar el código que le permitirá a uno salir ¿Divertido, no? Budapest es la indiscutible capital europea de los juegos de *escape,* y los temas,

escenarios y planteamientos de las salas son infinitos, desde habitaciones siniestras de pesadillas claustrofóbicas a espacios visualmente agradables donde resolver rompecabezas. En Erzsébetváros se recomiendan **Neverland** (PLANO: **12** P. 112 **C8**; *neverland.hu*), **Gozsdu Mission** (PLANO: **13** P. 112 **B7**; *gozsdu mission.hu*) y **E-Exit** (PLANO: **14** P. 112 **D7**; *escaperoom.hu*).

Toparse con arte urbano MURALES

Una de las maravillas de callejear por Erzsébetváros es toparse de repente con impresionantes murales en muros cortafuegos. Algunos de los mejores son **Beautify Budapest** (PLANO: **15** P. 112 **D7**; *Akácfa utca 27*) que plasma de forma divertida los elementos imprescindibles del verano en la capital. **Angel of Budapest** (PLANO: **16** P. 112 **B8**), debajo de Dob utca 4, retrata al diplomático español Ángel Sanz Briz, quien salvó a más de 5000 judíos húngaros del Holocausto en 1944. **Motivation is a Wonderland** (PLANO: **17** P. 112 **D6**; *Kertész utca 27*) se inspira en

'PIEDRAS OBSTÁCULO'

Quien callejee por Budapest se tropezará con diminutas placas de latón incrustadas en el pavimento. Se llaman *Stolpersteine,* o 'piedras obstáculo', y fueron creadas por el artista alemán Gunter Demnig como parte del mayor monumento conmemorativo descentralizado del mundo a las víctimas del Holocausto. Cada una recuerda a una persona en su última ubicación conocida, con inscripciones de su nombre, fecha de nacimiento y fatalidad. Cuando uno ya sabe que están ahí, las verá por todas partes, pero sobre todo en Erzsébetváros y, como el artista dijo en su día: "No te caerás, pero si te tropiezas con una y miras, debes hacer una reverencia con la cabeza y el corazón".

Las aventuras de Alicia en el país de las maravillas. En Rumbach Sebestyén utca hay tres murales: **Rubik's Cube** (PLANO: **18** P. 112 **B7**) recuerda el icónico invento húngaro; **6:3** (PLANO: **19** P. 112 **B7**) inmortaliza el partido de fútbol donde el Equipo Dorado de la nación, con Ferenc Puskás, ganó a Inglaterra por 6–3 en el Estadio de Wembley; y **Sissi** (PLANO: **20** P. 112 **B7**) retrata a la reina favorita de Hungría, a quien el barrio debe su nombre; es también una carta de amor al barrio.

Descubrir la estación de trenes de Nyugati
ESTACIÓN DE TRENES

PLANO: **21** P. 112 **B2**

La gran **estación de trenes de Nyugati** la construyó en hierro y cristal en 1877 la compañía parisina Eiffel. Fue arrasada en la II Guerra Mundial, pero reconstruida en 1945. Uno de los sucesos más sonados fue cuando un vagón de tren atravesó la enorme fachada de cristal en 1962 y acabó en la acera. Por suerte solo resultó herida una persona porque el personal reaccionó a tiempo emitiendo avisos por los altavoces. El antiguo comedor del lado sur de la estación alberga desde la década de 1980 uno de los McDonald's más elegantes del mundo. Al norte está WestEnd, un centro comercial que en su época fue el más grande de Europa central.

Visitar Csányi5
MUSEO

PLANO: **22** P. 112 **C6**

La exposición permanente de este **edificio residencial** de dos pisos (*erzsitt.hu; adultos/estudiantes 2500/1500 HUF*) muestra las estancias reconstruidas donde vivían los judíos neológicos de Pest desde una época de inclusión social a finales del s. XIX a otra de exclusión en 1945. Se podrá ver la casa de una familia adinerada, la oficina de un rabino, el taller de una costurera o el estudio sencillo de un trabajador pobre.

Ver los frescos de Lotz en la estación de trenes de Keleti
ESTACIÓN DE TRENES

PLANO: **23** P. 112 **F7**

La **estación de trenes de Keleti** (**este**) es clave para quienes emprenden viajes internacionales en tren. No solo es el núcleo de transporte más transitado de Budapest, sino también una joya arquitectónica que mezcla estilos neorrenacentista y ecléctico. Vale la pena visitarla solo por el vestíbulo Lotz, con sus murales de los famosos pintores románticos Mór Thán y Károly Lotz.

Descubrir el lado gay del distrito
BARES LGTBIQ+

En una ciudad con semejante vida nocturna, la oferta de bares de ambiente no es tan grande como cabría esperar. Pero como se suele decir, el tamaño no lo es todo y media docena de bares, cafés y clubes LGTBIQ+ cubren, con creces, cualquier expectativa. En Erzsébetváros, **Habroló** (PLANO: ㉔ P. 112 **C8**; *habrolo.hu*) es un café y bar pequeño pero acogedor de dos plantas. Al doblar la esquina y para aquellos que buscan emociones fuertes está **CoXx** (PLANO: ㉕ P. 112 **D8**; *coxx.hu*), el único club gay de *cruising* de la ciudad. Mucho más comedido y a 10 min a pie al norte está el **Tuk Tuk Bar** (PLANO: ㉖ P. 112 **B6**; *tuktukbar.hu*), con un interiorismo asiático.

Visitar el Museo Húngaro de Ingeniería Eléctrica MUSEO

PLANO: ㉗ P. 112 **C7**

Aunque este **museo** (*kozlekedesi muzeum.hu; adultos/estudiantes 1600/800 HUF*) podría no interesar a todo el mundo, se recomienda visitarlo porque este edificio de estilo Bauhaus atesora exposiciones bastante curiosas. Quien se haya preguntado alguna vez cómo funcionaba el sistema de alarma en las alambradas de púas que separaban Hungría de Austria en la época comunista, este es su sitio. Hay viejos electrodomésticos (muchos aún funcionan) y rótulos de neón de tiendas de la época comunista en la pared exterior del patio. La colección más singular, y una de las mayores del mundo, es la de contadores de consumo eléctrico, que

incluye el que se instaló en el piso del "Rákosi Mátyás elvtárs" (camarada Mátyás Rákosi), el secretario general del Partido Comunista Húngaro, cuando cumplió 60 años en 1952, y otro que recuerda el 70 cumpleaños de Stalin en 1948.

De copas por los bares ruina VIDA NOCTURNA

Si se toma un edificio de pisos vacío y deteriorado, se llena con muebles hallados en los contenedores de basura y con chismes disparatados, se instala una barra de bar y, quizá, una mesa de DJ, *voilá*, ya se tendrá un bar ruina (*romkocsma*). Erzsébetváros es el epicentro de los bares ruina, con infinidad de locales de ladrillo visto en el Gran Bulevar. El decano es **Szimpla Kert** (PLANO: ㉘ P. 112 **C8**; *szimpla.hu*), que hay quien dice que aún es el mejor y el más extravagante. **Instant-Fogas** (PLANO: ㉙ P. 112 **D6**; *instant-fogas.com*) conjuga dos bares ruina para crear el más grande de la ciudad, con varias salas. Otro local enorme es **Füge Udvar** (PLANO: ㉚ P. 112 **D7**; *fugeudvar. hu*), que tiene un gran patio cubierto y muchas salas con música y juegos, mientras **Kőleves Kert** (PLANO: ㉛ P. 112 **C7**; *kolevesvendeglo. hu*) es un club con jardín, relajado y de alegre decoración.

Lo mejor para...

€ Económico €€ Medio €€€ Alto

Comer

Gastronomía local

Menza €€

32 C5

Retro-chic con cocina húngara en versión moderna y platos internacionales que triunfan. *11.00-23.00*

Gettó Gulyás €€

33 C7

El mejor lugar del distrito para probar platos tradicionales como el contundente *pörkölt* (estofado húngaro de ternera) y la *gulyás* (sopa húngara de ternera). *12.00-23.00*

Marumba €€

34 C7

Los mejores platos de la cuenca de los Cárpatos, más vinos naturales húngaros. *17.00-23.00 lu-mi, desde 12.00 ju-do*

Kőleves €€

35 C7

Siempre animado y muy divertido, atrae a una parroquia joven con su carta judía (que no

kosher), su interior alegre, su servicio maravilloso y sus precios razonables. *12.00-22.00 ma, mi y do, hasta 23.00 ju-sa*

Beber

Salir de fiesta

360 Bar

36 C5

Animado bar de azotea con cócteles clásicos, pero las vistas se llevan la palma. *17.00-24.00 lu-mi, 14.00-2.00 ju-sa, hasta 24.00 do*

Havana

37 D6

Restaurante y bar cubano con música en directo y baileteo casi cada noche en uno de los patios arbolados más bonitos de la ciudad. *17.00-24.00 mi y ju, hasta 3.00 vi y sa*

Twentysix Budapest

38 B6

La ubicación y el atrio lleno de plantas dejan sin habla, y los cócteles están de muerte. *7.30-24.00 do-ju, hasta 2.00 vi y sa*

Localizaciones en el plano de la **p. 112**

Comprar

Maravillas 'vintage'

Gouba-Gozsdu bazár

39 B7

Encantador mercadillo en Gozsdu Udvar (p. 121) que vende piezas interesantes de artistas y diseñadores locales. *10.00-17.00 vi-lu*

LoveChild Vintage

40 B5

Vende prendas de pelo, de lentejuelas, de estampados animales, de cuero y brillantes. *11.00-19.00 lu-sa*

Szputnyik Shop D-20

41 C8

Moda retro en un espacio luminoso y diáfano. *10.00-20.00 lu-sa, hasta 18.00 do*

Retrock

42 A7

Tienda del momento con una vasta colección de prendas *vintage*, bolsos, joyas, zapatos y ropa urbana húngara. *11.00-20.00 lu-sa, desde 12.00 do*

Sugerencias de lugares para comer, beber y comprar en **p. 136**

Explora
Sur de Pest

Los interesantes barrios de Józsefváros (Ciudad de José) y Ferencváros (Ciudad de Francisco) son de tradición obrera y están llenos de estudiantes. Es divertido asomarse a los patios de las calles traseras. Ambas son zonas en constante cambio, donde no dejan de aparecer nuevos locales en torno a epicentros como Mikszáth Kálmán tér y Ráday utca.

Desde Blaha Lujza tér, la Gran Carretera de Circunvalación cruza Józsefváros. El lado oeste del distrito, antes de bonitas casas unifamiliares y villas del s. XIX alrededor de la Pequeña Carretera de Circunvalación, es ahora un gran vecindario de estudiantes. Al este del bulevar hay un distrito otrora conflictivo en plena regeneración. Al sur de Üllői út está Ferencváros, la sede del equipo de fútbol más popular de Budapest, el Ferencvárosi Torna Club (FTC).

Cómo desplazarse

 **Tranvía**
Los tranvías n° 47 y 49 van a Józsefváros y Ferencvárosoth, y los tranvías n° 4 y 6, más al este.

 Metro
La línea M2 recorre los márgenes septentrionales de Józsefváros, mientras la línea M3 va a Ferencváros. La línea M4 es práctica porque comunica Fővám tér con la estación de trenes de Keleti. Entre las estaciones clave están Blaha Lujza tér y Keleti pályaudvar de la M2, Corvin-negyed de la M3, Rákóczi tér de la M4 y Kálvin tér donde se cruzan la M3 y la M4.

Café, Mikszáth Kálmán tér.
ILPO MUSTO/ALAMY STOCK PHOTO ©

LO MEJOR

ARQUITECTURA
Museo de Artes Aplicadas
(p. 134)

CERVEZA ARTESANA
Élesztőház (p. 137)

MÚSICA EN DIRECTO
Jedermann Cafe (p. 135)

INTERÉS HISTÓRICO
Cementerio de Kerepes
(p. 134)

CATA DE VINOS
Tasting Table (p. 134)

ERZSÉBETVÁROS

II. János
Pál pápa
tér

Museo
Nacional
Húngaro

Tasting
Table

Lumen
Kávézó

JÓZSEFVÁROS

Mátyás
tér

Lőrinc
pap tér

Horváth
Mihály tér

JÓZSEFVÁROS

Szabó
Ervin tér

Semmelweis Pál u.
University

If Jazz
Cafe

Museo
de Artes
Aplicadas

VIII
DISTRICT

Opus
Jazz Club

FERENCVÁROS

Centro
Conmemorativo
del Holocausto

Bakáts
tér

Ferenc
tér

FERENCVÁROS

Nehru
Part

Jedermann
Cafe

Río
Danubio

Puente Petőfi
(Petőfi híd)

Boráros
tér

IX DISTRICT

Más información

Imprescindible	★	p. 129
Experiencias	⬡	p. 134
Comer	🍴	p. 136
Beber	🍷	p. 136
Comprar	🛍	p. 137

Casa de
Unicum

Parque
Gizi
Bajor

★ **IMPRESCINDIBLE**

Centro Conmemorativo del Holocausto

Este centro es la única colección pública del país que aborda exclusivamente la historia del Holocausto. La exposición permanente repasa el auge del antisemitismo en Hungría hasta desembocar en el genocidio de los judíos y romaníes del país.

Marcha de la muerte
La **Torre de las Comunidades Perdidas** recuerda las más de 1400 aldeas judías que dejaron de existir después de la II Guerra Mundial. Las ocho salas exponen mapas, fotografías, diarios y vídeos gráficos. Los efectos personales en columnas de cristal son conmovedores. La música empieza en modo festivo, pero las exposiciones se acompañan de sonidos de latidos de corazón y de una marcha mientras los condenados son privados de su libertad y dignidad y deportados a los campos de exterminio de Alemania y Polonia.

Sinagoga renacida
Una **sinagoga** magistralmente restaurada en el patio central, diseñada por Leopold Baumhorn y completada en 1924, acoge exposiciones temporales en el entresuelo.

Muro del Recuerdo
En el patio interior hay una pared de cristal de 8 m donde figuran los nombres de 180 000 húngaros víctimas del Holocausto y se actualiza constantemente. Podrán verse numerosas etiquetas de víctimas anónimas. Varias placas y monumentos conmemorativos en el jardín recuerdan a los "justos gentiles", bajo los cuales hay guijarros depositados en señal de respeto y pérdida.

PLANO: P. 128 **C4**

CONSEJO
En la entrada hay un control de seguridad; los objetos punzantes hay que dejarlos en casa. La entrada a las exposiciones temporales de la sinagoga cuesta 1500/1000 HUF *(adultos/ reducida)* más.

Escanea este código QR para horarios y reservas con antelación.

Museo Nacional Húngaro

Este valioso museo alberga la colección de reliquias históricas más importante del país. Repasa la historia de la cuenca de los Cárpatos desde la Edad de Piedra y la del pueblo magiar y de Hungría desde la conquista del s. IX a la caída del comunismo.

PLANO: P. 128 **A2**

CONSEJO
La maqueta del museo que hay debajo de las escaleras principales desde donde el poeta Sándor Petőfi recitó su "Nemzeti Dal" (Canto nacional) el 15 de marzo de 1848, ayuda a orientarse.

Escanea este código QR para saber horarios y comprar la entrada con antelación.

Antecedentes

El museo se fundó en 1802 cuando el conde Ferenc Széchényi donó su colección de más de 20 000 grabados, mapas, manuscritos, monedas y hallazgos arqueológicos al Estado. Está en un impresionante edificio neoclásico construido para tal fin en 1847 por el arquitecto Mihály Pollack.

Manto de coronación

La sala de la izquierda de la gran escalera interior en el 1er piso custodia el objeto más valioso del museo: el precioso manto de coronación de san Esteban, cosido por monjas en 1031. Fue rehecho en el s. XIII y la tela, muy descolorida, presenta un elaborado bordado de finos hilos de oro y perlas con las figuras de los 12 apóstoles, los profetas del Antiguo Testamento y el propio rey-santo.

Entre Oriente y Occidente

A la derecha de dicha escalera, los objetos expuestos en 10 salas explican la evolución de la cuenca de los Cárpatos desde la prehistoria a la llegada de los magiares en el s. IX.

El Nacimiento de Hungría

En el 2º piso, a cada lado del Salón Ceremonial del s. XIX (en la foto), la clase de historia continua

MITZO/SHUTTERSTOCK ©

en otras 20 salas: desde la dinastía de la Casa de Árpád a la invasión turca del s. XVI a un lado, y las guerras de la Independencia, el Imperio Habsburgo, las dos guerras mundiales y el ascenso y la caída del comunismo en el otro.

Las dos últimas salas examinan el papel de Hungría en la II Guerra Mundial, la Revolución de 1956 y las décadas posteriores de régimen comunista. Hay imágenes de archivo de 1956, la reconstrucción de una oficina de la policía secreta, publicaciones *samizdat* (antisistema), parte de la alambrada que separaba Hungría de Austria y un letrero de Leninváros (Ciudad de Lenin), que no recuperó su nombre original, Tiszaújváros, hasta 1991. Lo mejor de todo es la mano de la colosal estatua de Stalin que en su día presidía el parque de la Ciudad.

**UNA PAUSA
Geraldine**
(p. 137), una de las pastelerías de la famosa cadena Auguszt en la casa del guarda del museo, es uno de los cafés más bonitos de Budapest. Pasteles y café en un entorno de lujo.

De mercado en mercado

Para apreciar mejor estos dos fascinantes pero grandes distritos de tradición obrera se recomienda elegir un lugar de interés y empezar a callejear. Esta zona, ubicada entre mercados excelentes, está llena de librerías de viejo, fantasmas de la Revolución de 1956 y algunos edificios atípicos.

INICIO	FINAL	DURACIÓN
Nagycsarnok	Rákóczi tér	1,3 km; 1-2 h

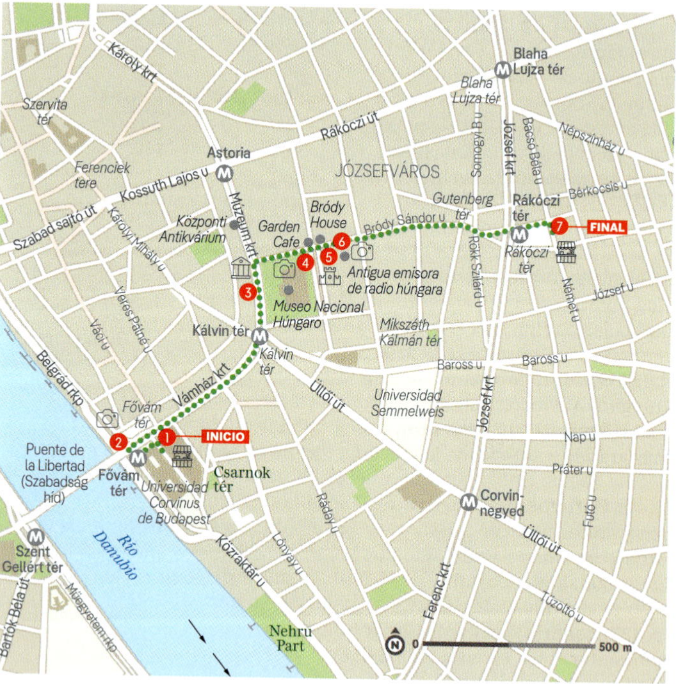

❶ Mercado pletórico

Nagycsarnok, el mayor mercado de Budapest, se llena de turistas, pero es tan grande que la gente se dispersa con facilidad. En la planta baja hay productos locales como fuagrás, latas de paprika en polvo, miel, carne y lavanda. En el 1er piso se encontrará indumentaria folclórica húngara, muñecas, huevos pintados y manteles bordados pero también *kolbász* (salchicha), *pörkölt* (estofado) y *lángos* (torta de masa frita).

❷ Historias de puentes

Justo enfrente, en el peaje norte del puente de la Libertad, está la diminuta exposición **Connected,** que pertenece al Museo de la Ciencia, la Tecnología y el Transporte de Hungría y aborda las historias de los seis puentes que cruzan el Danubio en el centro de Budapest.

❸ Hojear la historia

Hay librerías de viejo en el lado oeste de Múzeum körút. A unos servidores les encanta la **Múzeum Antikvárium,** delante del Museo Húngaro Nacional. Más al norte está **Központi Antikvárium,** la más grande y antigua de la ciudad.

❹ El Parlamento estuvo aquí

Se sigue hacia el este por Bródy Sándor utca hasta **Bródy House.** Este lugar, hoy un hotel-*boutique* con el maravilloso **Garden Cafe** (p. 137), tendría muchas historias que contar si las paredes hablaran.

Era la residencia del presidente de Hungría en el s. XIX, cuando el Parlamento estaba al lado, en el nº 8. Quien no se lo crea que mire el dorso de un billete de 20 000 HUF.

❺ El barrio de los palacios

A este barrio se le suele llamar Palota-negyed (el "barrio de los Palacios") por sus impresionantes mansiones del s. XIX, a destacar el **palacio Gschwindt,** al final de la manzana. Lo construyó a finales del s. XIX un próspero vitivinicultor, cuyo busto se puede ver sobre la entrada.

❻ Llamada a las armas

La noche del 23 de octubre de 1956, agentes de la ÁVH del Gobierno abrieron fuego sobre un grupo de manifestantes delante de esta **emisora de radio** después de que empezaran a gritar consignas antisoviéticas y a pedir que el reformista Imre Nagy fuera nombrado presidente del país. Por la mañana, Budapest vivía una revolución.

❼ Mercado tradicional

Rákóczi tér ha acogido un bonito mercado desde 1897. En su interior se venden frutas, verduras, embutidos, queso, mermelada y horneados, y productos que traen los campesinos desde de sus granjas.

EXPERIENCIAS

Degustar vinos con expertos
CATA DE VINOS

PLANO: ❶ P. 128 **B2**

Para un curso intensivo sobre vinos húngaros, hay que ir a **Tasting Table** (*tastehungary.com*). Cada día organizan catas de entre cinco (*17 500 HUF*) y ocho (*23 000 HUF*) vinos, a las 15.00 y 18.00. El experto personal explica cada vino. Al cruzar la calle está su tienda, donde se pueden catar y picar algo (*5800 HUF*) sin reserva previa.

Admirar 'art nouveau'
ARQUITECTURA

PLANO: ❷ P. 128 **B4**

En un maravilloso edificio *art nouveau* (1896) diseñado por Ödön Lechner y decorado con azulejos de cerámica Zsolnay, el **Museo de Artes Aplicadas** (*imm.hu*) está cerrado por reformas desde el 2017. Quizá se tenga suerte y se coincida con una de las exposiciones especiales que, a veces, se montan en el ya acabado Salón de Cristal, una suerte de atrio blanco que, al parecer, se inspiró en la Alhambra de Granada (España).

Desenterrar el pasado
CEMENTERIO

PLANO: ❸ P. 128 **D2**

El **cementerio de Kerepes** (*fiumeiutisirkert.nori.gov.hu*) es la versión budapestina del Highgate de Londres o el Père Lachaise de París. Algunas de las más de 3000 tumbas y mausoleos de esta necrópolis de 56 Ha son dignas de un faraón, sobre todo las de líderes políticos y de héroes nacionales como Lajos Kossuth, Ferenc Deák y Lajos Batthyány. La parcela nº 21 alberga las tumbas de muchas víctimas de la Revolución de 1956. Incómodamente cerca está el enorme Panteón del Movimiento Obrero para los mandamases del partido comunista coronado con el texto: "Viví para el comunismo, para el pueblo". Un poco al norte está la sencilla tumba de János Kádár (1912-1989), que fue profanada en el 2007. El cementerio abre de 7.00 a 20.00 (may-jul), a 17.00 (mar), a 19.00 (abr y ago), a 18.00 (sep) y de 7.30 a 17.00 (oct-feb).

 'SHAKE, RATTLE AND ROLL'

Los húngaros pueden ser maestros de lo macabro. ¿Quién sino podría haber dado a luz a personajes como Béla Lugosi? Pero aquí lo macabro puede ir a más, a mucho más. János Kádár, el antiguo líder comunista a quien no se echa mucho de menos, yació en la parcela nº 12 del cementerio de Kerepes durante casi 18 años hasta que, en mayo del 2007, una o varias personas desconocidas entraron en el camposanto, forzaron su ataúd y huyeron con la calavera y algunos huesos del camarada Kádár, dejando una nota que decía: "Los asesinos y traidores no deben descansar en un camposanto 1956-2006". Los restos aún no se han encontrado.

Paladear algo único

DESTILERÍA

PLANO: **4** P. 128 **C6**

Unicum, el aperitivo elaborado con 40 hierbas y especias (cuyo sabor recuerda al jarabe) data de 1790 y es tan amargo como las lágrimas de un perdedor. Es una bebida que gusta mucho en Hungría. Se puede descubrir su historia en la **Casa de Unicum** *(unicumhaz.hu; adultos/ menores de 18 años 4700/3300 HUF)* y su museo. La visita guiada de 90 min empieza con un vídeo, explica el proceso de destilación en la bodega y termina con una cata de dos/cuatro tipos de Unicum.

En busca de diamantes en bruto

MERCADILLO

PLANO: **9** P. 128 **D6**

Ecseri Piac *(piaconline.hu)* es uno de los mercadillos más grandes de Europa central. Vende desde joyería antigua y relojes del ejército soviético a chisteras. Se recomienda ir el sábado temprano. Está 10 km al sureste del Nagycsarnok. Para llegar, se puede tomar el autobús nº 54 desde Boráros tér, en Pest, o, para tardar menos, el autobús exprés nº 84E, 89E o 94E desde la estación Határ út de la línea M3 del metro.

Escuchar música clásica casi perfecta

SALA DE CONCIERTOS

PLANO: **10** P. 128 **C6**

Tal vez no tengan el marco romántico de la Ópera Nacional de Hungría o de la Academia de Música Ferenc Liszt, pero las dos salas de conciertos del **Palacio**

EL MEJOR 'JAZZ' EN DIRECTO

Opus Jazz Club

PLANO: **5** P. 128 **A4**

Las formaciones húngaras e internacionales de *jazz* suben al escenario del Budapest Music Center cinco veces por semana *(ma-sa)* a las 20.00. *opusjazzclub.hu*

Jedermann Cafe

PLANO: **6** P. 128 **B5**

Este acogedor café-restaurante se convierte en un fabuloso espacio de música en vivo los viernes y sábados a las 21.00, sobre todo *jazz*. *jedermann.hu*

Lumen Kávézó

PLANO: **7** P. 128 **B2**

Este gran espacio, con salas y patios, programa conciertos casi cada noche. *facebook.com/lumen. kavezo*

If Jazz Cafe

PLANO: **8** P. 128 **A3**

Este café-restaurante es pequeño pero perfecto para acoger conciertos a las 20.00. *if-jazz -cafe-budapest.hu*

de las Artes *(mupa.hu)* en el Millenniumi-negyed (barrio del Milenio), a orillas del Danubio, lo compensan con una acústica casi perfecta. Se recomienda asistir a un concierto de música clásica con orquesta en el Auditorio Nacional Béla Bartók, de 1700 butacas, o a un cuarteto de cuerda en el Teatro del Festival, con 450 butacas.

Lo mejor para...

€ Económico €€ Medio €€€ Alto

Comer

Húngara

Öcsi €

11 D2

Étkezde (cantina) ideal para disfrutar de lo más parecido a una comida casera húngara. *11.30-14.30 lu-vi*

Borbíróság €€

12 A3

Informal aunque elegante, sirve vinos húngaros por copa. Se toma su comida (sobre todo el pato) muy en serio. *12.00-23.30 lu-sa*

Rosenstein €€€

13 D1

Restaurante húngaro, chic y de gestión familiar, en una ubicación impensable, con cocina judía y un servicio intachable. *12.00-23.00 lu-sa*

Otras cocinas europeas

Arquitecto Pitpit €€

14 B3

Un genuino trocito de España con gran variedad de tapas en un agradable patio escondido. *17.00-23.00 lu-sa*

Paletta Bistró €€

15 C5

Esta casa de comidas de barrio sirve platos internacionales (*shakshuka*, *pizza* argentina rellena), pero su especialidad es el *rántott sajt* (queso rebozado). *11.30-22.30 lu-sa, 10.00-16.00 do*

Tefliso €€

16 A3

La cocina georgiana siempre ha tenido un gran club de fans en Budapest y este popular restaurante sirve siete tipos de *khachapuri* (pan relleno de queso). *12.00-23.00*

Africana y asiática

African Buffet €

17 C2

Fantástica comida casera en un colorido interior en este pequeño oasis africano de gestión familiar cerca del mercado de Rákóczi tér. *11.00-22.00 lu-vi*

Hanoi Xua €€

18 D6

Está delante del Museo de Historia Natural y tiene una carta genuina de *pho*, *bún* (fideos de arroz) y demás favoritos

vietnamitas. *11.00-20.30 lu-ju, hasta 21.30 vi-do*

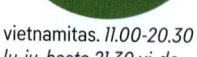

Localizaciones en el plano de la **p. 128**

Beber

'Pubs' y bares

Café Csiga

19 C2

Acogedor café que da al mercado de Rákóczi tér, con un espacio informal que frecuenta una clientela *hipster*. *9.00-24.00*

Tilos a Tilos

20 B3

Los estudiantes llenan la enorme terraza de este café/bar en una plaza peatonal. *9.00-24.00 lu-vi, desde 12.00 sa y do*

Púder Bárszínház

21 A3

Este antiguo teatro lleno de peluches y cabezas de muñecas es un bar y un dinámico espacio cultural. *12.00-24.00 do y ma, hasta 1.00 mi y ju, hasta 2.00 vi y sa*

Oinos

22 C2

En el edificio del mercado de Rákóczi tér, este es un

bistró que sirve *brunch* y platos mediterráneos, pero también es un sofisticado bar de vinos. *8.00-23.00*

Cervezas artesanas

Stifler Beerhouse & Kitchen
 23 B1

Espacioso templo de microcervecera con 20 cervezas de tirador, que incluye dos de la local Horizont Brewing. *12.00-24.00 do-ju, hasta 1.00 vi y sa*

Élesztőház
24 C4

Un *pub* ruina sito en un antiguo taller de soplado de vidrio que ofrece una selección incomparable de 30 cervezas artesanas de barril. *15.00-3.00*

Monyo Tap House
25 A3

Pub de larga trayectoria en la céntrica Kálvin tér 7, con 10 cervezas artesanas de barril (una siempre local) y otras 30 de botella. *12.00-24.00 lu-ju, hasta 1.00 vi, 17.00-24.00 sa*

Macska
26 C2

Café-bar pequeño y peculiar, con excelente cerveza artesana y platos vegetarianos y veganos aceptables. *16.00-24.00 lu-ju, hasta 2.00 vi*

Cafés

Garden Cafe
 27 A2

Este café lleno de antigüedades con terraza ajardinada del Brody House es ideal para un *brunch,* o un café de especialidad a cualquier hora del día. *8.00-16.00*

Nem Adom Fel Kávézó és Étterem
28 D3

"No me rendiré" es el primer café y restaurante del país (la caja vegana está de muerte) gestionado por personas con necesidades especiales y discapacidades. *9.00-16.00 lu-vi*

Geraldine
29 B2

Café que ocupa un pequeño edificio anexo del Museo Nacional y sirve deliciosos pasteles y bollería en un entorno majestuoso. *10.00-19.00 ma-do*

Nándor Cukrászda
30 B4

Diminuta pastelería con excelentes galletas y pasteles abierta desde 1957; siempre hay cola. *7.30-19.00 lu-sa*

Vaj
31 C2

Sándwiches, bollería y otras comidas ligeras en un espacio industrial

y despejado a un lado de Rákóczi tér. Cafés de especialidad y cócteles de autor, también. *7.00-20.00*

Comprar

Comida y bebida

Magyar Pálinka Háza
 32 B1

Tienda grande con muchas variedades de *pálinka* (aguardiente de frutas) y bombones rellenos de este licor. *9.00-19.00 lu-vi, hasta 16.00 sa*

Taste the World
33 A3

Enorme supermercado con el surtido más amplio de especias, condimentos y alimentos asiáticos de Budapest. *10.00-18.00 lu, 9.00-18.30 ma-vi, hasta 15.00 sa*

Música y libros

Liszt Ferenc Zeneműbolt
34 C2

La Tienda de Música Ferenc Liszt vende CD casi todos de música clásica, partituras y libros de interés local y comparte espacio con una librería de la cadena Libra Books. *10.00-18.00 lu-vi, hasta 14.00 sa*

★ MERECE LA PENA

Parque de la Ciudad

El sereno parque de la Ciudad (Városliget) alberga lugares de interés de mucho peso: museos enormes, la plaza más impresionante de Budapest, un zoológico, los Baños Széchenyi y hasta un castillo. Además, hay árboles imponentes, un lago y parques infantiles.

PLANO: P. 140

CONSEJO

Recorrer el parque en bicicleta o patinete eléctrico, es rápido y divertido. Se pueden alquilar en las estaciones de bicicletas verdes compartidas MOL Bubi, o escoger un patinete eléctrico de Lime en la *app*.

Escanea este código QR para noticias y actualizaciones.

Una entrada elegante

La **plaza de los Héroes** es la plaza más grande y emblemática de Budapest. Su pieza central es el Monumento del Milenio, construido en 1896 para señalar el 1000 aniversario de la conquista magiar de la cuenca de los Cárpatos a finales del s. IX. Dos columnatas resguardan a 14 líderes húngaros fundamentales y, en medio, destaca un imponente obelisco rematado por la estatua del arcángel Gabriel –cuenta la leyenda que el papa Silvestre II soñó que el ángel ofrecía la corona de Hungría a san Esteban–. En su base están los siete jefes tribales que guiaron a los magiares hasta la cuenca de los Cárpatos, mientras la Tumba del Soldado Desconocido recuerda a los que murieron defendiendo el país a lo largo de la historia.

Museo de Bellas Artes

En un gran edificio neoclásico, el **Museo de Bellas Artes** (*szepmuveszeti.hu; adultos/estudiantes 5800/2900 HUF*) atesora una impresionante colección de obras extranjeras y húngaras que van desde la Antigüedad a la actualidad. Las salas románica, renacentista y barroca de la planta baja son admirables.

Castillo de Vajdahunyad

Se construyó en 1896 en madera (y, más tarde, se reconstruyó en piedra) para las celebraciones del

KURKA GEZA COREY/SHUTTERSTOCK ©

milenio de Hungría, para mostrar los diferentes estilos arquitectónicos del país a lo largo de los primeros 1000 años. Hoy acoge el **Museo de Agricultura de Hungría** (*mezogazdasagimuzeum.hu; adultos/estudiantes 3000/1500 HUF*). Se recomienda ver el Salón de Caza, donde cientos de cornamentas decoran las salas de techos abovedados góticos. Se puede subir a la Torre de los Apóstoles y a la Torre de la Casa del Portero para disfrutar de las vistas.

Baños Széchenyi

Los esplendorosos **Baños Széchenyi** (*szechenyifurdo.hu; 8400-14 000 HUF*) son los baños medicinales más grandes de Europa. Por dentro es como un divertido laberinto, pero por fuera impresiona, con esa factura neoclásica de color amarillo en contraste con el azul del agua. También se ofrecen servicios especiales como un baño de cerveza, sábados de "*sparties*" (*spa+party*, ¿queda claro?) y una Casa de las Palmeras.

UNA PAUSA
Gundel (*gundel.hu*) es uno de los restaurantes más famosos de Hungría. Se recomienda escoger de la carta "Nacional 11" para probar los platos más emblemáticos.

PROBAR EL AGUA MEDICINAL
Las aguas medicinales de los Baños Széchenyi (p. 139) se venden tiradas de precio en un edificio de detrás de los baños.

El Zoo de Budapest

Este enorme **zoo** *(zoobudapest.com; adultos/niños 5000/3500 HUF)* alberga casi 1000 especies de animales. Además es un prodigio arquitectónico, con una entrada y una Casa de los Elefantes de estilo *art nouveau* y una Casa de la Palmera diseñada por Gustave Eiffel (el de la Torre Eiffel).

BalloonFly

Al noreste del castillo de Vajdahunyad, un enorme **globo aerostático** *(balloonfly.hu; adultos/niños 8500/5000 HUF)* pasea a sus pasajeros a 150 m sobre el parque de la Ciudad.

Lago Városliget

Detrás de la plaza de los Héroes está el **lago Városliget.** De primavera a otoño, se alquilan patines y tablas de surf de remo. En invierno, el lago se transforma en la mayor pista de patinaje sobre hielo al aire libre de Europa.

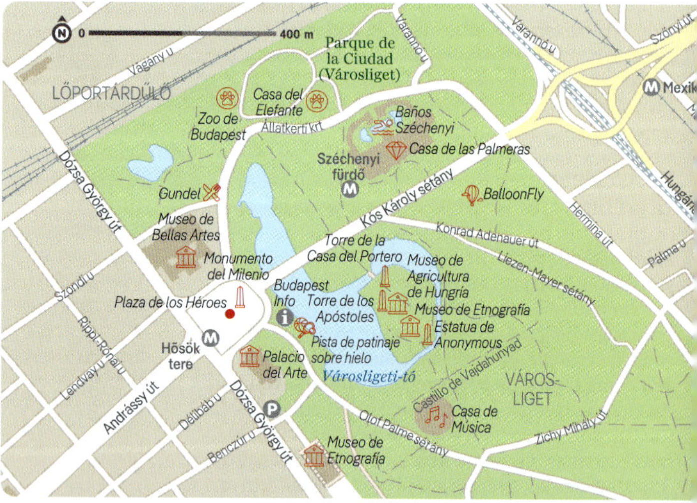
0
400 m
Parque de la Ciudad (Városliget)
Vágány u
LŐPORTÁRDŰLŐ
Varannó u
Varannó u
Szőnyi út
Mexik
Casa del Elefante
Zoo de Budapest
Állatkerti krt
Baños Széchenyi
Casa de las Palmeras
Széchenyi fürdő
Dózsa György út
Gundel
Kós Károly sétány
BalloonFly
Hungária
Museo de Bellas Artes
Konrad Adenauer út
Hermina út
Torre de la Casa del Portero
Museo de Agricultura de Hungría
Liezen-Mayer sétány
Pálma u
Monumento del Milenio
Szondi u
Budapest Info
Torre de los Apóstoles
Museo de Etnografía
Plaza de los Héroes
Estatua de Anonymous
Rippl-Rónai u
Hősök tere
Pista de patinaje sobre hielo
Palacio del Arte
Városligeti-tó
Castillo de Vajdahunyad
VÁROSLIGET
Lendvay u
Andrássy út
Délibáb u
Dózsa György út
Casa de Música
Olof Palme sétány
Zichy Mihály út
Benczúr u
Museo de Etnografía

Estatua de Anonymous

Delante del castillo de Vajdahunyad, la **estatua** de una figura encapuchada es Anonymus, el misterioso cronista que escribió el primer libro sobre la historia de Hungría: *Gesta Hungarorum*. Según la tradición local, Anonymus concede la inspiración a los escritores que toquen la pluma de su mano.

Casa de la Música

Entre los árboles del parque, la **Casa de la Música** *(zenehaza.hu)* es un galardonado y asombroso edificio del arquitecto japonés Sou Fujimoto. Es una sala de conciertos, museo y centro educativo todo en uno. La exposición permanente es excepcional y explora siglos de música europea y húngara. Fuera hay un parque único donde los visitantes pueden hacer música con sus movimientos.

Palacio del Arte

De cara al Museo de Bellas Artes y al otro lado de la plaza de los Héroes, ese precioso edificio que recuerda un templo griego es el **Palacio del Arte** *(mucsarnok.hu; adultos/estudiantes 4900/2500 HUF),* el indicado para ver arte contemporáneo en la ciudad. Programa de cuatro a cinco exposiciones temporales importantes al año.

Museo Etnográfico

La principal atracción del **Museo Etnográfico** *(neprajz.hu),* que se inauguró en el 2022, es la azotea ajardinada parabólica. Se puede caminar por ella y disfrutar de las vistas desde sus puntos más altos. En su interior se exponen 3600 piezas originales y restauradas desde Hungría a África.

Entre sus alas hay un monumento triangular que conmemora el 50º aniversario de la Revolución de 1956 de Hungría en el lugar exacto donde una enorme estatua de Stalin fue derribada por manifestantes y serrada hasta dejar solo las botas (hay una réplica de estas en Memento Park (p. 62).

ARTE ROBADO
Cuando se esté en el Museo de Bellas Artes (p. 138), conviene saber que una de sus pinturas más famosas, la *Madonna de Esterházy* de Rafael, se partió en dos pedazos debido al mayor robo de arte de la historia de Hungría, sucedido en 1983. Este robo de guante blanco fue obra de un húngaro-italiano.

Guía práctica

Funicular (p. 43), distrito del Castillo.
IGOR DYMOV/SHUTTERSTOCK ©

Viajar en familia

Hungría es un país muy familiar, con muchas atracciones para jóvenes, mayores y resto de la familia. Para entretener a los críos hay desde zoológicos a parques infantiles excepcionales y museos orientados a los niños.

Balnearios para toda la familia

Aunque los menores de 14 años no puedan utilizar las piscinas termales en baños históricos –en algunos no podrán ni entrar como Rudas– las zonas al aire libre son diferentes. De los parques acuáticos destacar **Palatinus Strand** (p. 103) y **Aquaworld** (p. 103).

Que viene Santa Claus

Santa Claus (*Mikulás*) llega pronto a Hungría, el 6 de diciembre, festividad de San Nicolás, con dos ayudantes: un ángel bueno y la criatura malvada, peluda y astada llamada *krampusz*. En esta época, hay eventos para toda la familia por la ciudad, y la auténtica Joulupukki (cabra de Navidad) finlandesa suele visitar el **mercado navideño de Vörösmarty tér.**

HORA DEL RECREO

El **parque de la Ciudad** (p. 138) cuenta con el increíble Main Playground (de más de 13 000 m^2), que alberga un trepador en forma de globo aerostático de tres pisos.

Escanea este código QR para más información.

Cómo desplazarse

Los menores de 6 años viajan gratis en el transporte urbano. Los más mayores y con carné de estudiante de la UE obtienen descuentos.

Entradas familiares

Casi todos los museos y atracciones ofrecen entradas familiares con descuento, o gratis o de precio reducido para los peques.

Salir a comer fuera

Casi todos los restaurantes tienen un menú infantil (*gyerekmenü*) con los platos clásicos. De no ser así, se puede pedir media ración de algo, o un plato sencillo hecho expresamente para ellos.

VITALIY_73/SHUTTERSTOCK ©

Alojamiento

Desde el lujo intachable a una cama en un dormitorio colectivo, con todo lo que media entre ambos, Budapest tiene alojamientos para todos los bolsillos.

Si te gusta...

 Historia, vistas y tranquilidad
No es el más económico, pero el **distrito del Castillo** (p. 33) alberga importantes atracciones históricas, museos fabulosos, adorables calles adoquinadas y las vistas más bonitas.

CUÁNTO CUESTA

Dormitorio colectivo en albergue desde **3000 HUF**

Hotel de precio medio desde **25 000 HUF**

Cinco estrellas desde **60 000 HUF**

IMPRESCINDIBLE

Nos encanta...
El **parque de la Ciudad** (p. 138). Es el pulmón verde de Pest, con zonas de pícnic, senderos para correr y un bonito lago, pero también con atracciones de peso y para toda la familia. En las inmediaciones del parque hay hoteles y apartamentos en calles tranquilas, a solo 15 min del centro urbano.

 Bares, arte urbano y noches animadas
El centro de **Erzsébetváros** (p. 111) es el barrio extraoficial de la fiesta, con locales nocturnos y mucha gente. La periferia de Erzsébetváros sigue estando cerca de la animación, pero sin el ruido.

 **Excursiones, naturaleza y zonas verdes**
Óbuda y colinas de Buda (p. 65) cuentan con pensiones bonitas cerca de senderos, cuevas y zonas verdes. Óbuda es como un pueblo de otra época, a solo 20 min del centro urbano.

Tiendas, cafés y restaurantes
Belváros (p. 77) es el centro del universo de Pest, cerca de casi todo, y está lleno de cafés, tiendas y restaurantes.

 **Turismo y galerías**
En la zona del **Parlamento** (p. 87) hay lugares de interés icónicos, galerías, restaurantes y cafés y bares acogedores. Y la **isla Margarita** (p. 101) queda cerca.

Comida, bebida y fiesta

Alergias e intolerancias

Frutos secos, lácteos y gluten casi siempre aparecen claramente indicados en las cartas, pero siempre es mejor comentar al camarero las intolerancias que uno tenga.

CÓMO DECIR

Soy alérgico a...   *Allergiás vagyok...*
- **gluten**   *glutén*
- **lácteos**   *tejtermék*
- **frutos secos**   *magok*
- **marisco**   *tengeri ételek*

?

CÓMO PEDIR...

¿Esto es sin gluten?
Ez gluténmentes?
¿Esto lleva frutos secos?
Vannak benne magvak?
¿Hay una opción vegana?
Van vegan opció?

PROBAR EL 'PÁLINKA'

El *pálinka* (aguardiente de frutas) es la bebida más venerada del país. Tradicionalmente, debería servirse a temperatura ambiente en una copita en forma de tulipán. Se brinda con la copa llena para después beberlo a sorbos, para saborearlo, aunque los húngaros a veces invitan a bebérsela de un trago.

Comida húngara

En general, la comida húngara tradicional es sabrosa, consistente y cárnica, y la paprika y la nata agria figuran en casi todas las recetas. Hoy ya no cuesta tanto encontrar platos veganos y vegetarianos. Se debería probar el *pörkölt* (estofado de carne o setas), la *lángos* (torta de masa frita) y el *kürtőskalács* ("pastel de chimenea" de masa dulce).

Cómo pagar la cuenta

Pedir la cuenta Cuando se quiera pagar, hay que decir "*A számlát legyenszíves*" (La cuenta, por favor).

Dividir la cuenta Lo normal es que traigan la cuenta con todo junto. Pero quizá el camarero pregunte "*Egybe vagy külön*?" (¿Junto o por separado?).

Pagar Se puede pagar en metálico *(készpénz)* o con tarjeta *(kártya)*. Hay que decir "*Készpénzzel vagy kártyával fizetnék*" (Querría pagar en efectivo o con tarjeta).

Propina La cuenta quizá incluya el 12% por el servicio *(szervízdíj)*, en cuyo caso no hace falta dejar más propina.

PRECIOS

Los siguientes corresponden a un plato principal.
€ menos de 10 000 HUF
€€ 10 000-15 000 HUF
€€€ más de 15 000 HUF

HORARIOS

Cafés 8.00-20.00
Restaurantes 10.00-22.00
Panaderías 6.00-18.00

 Salir

Erzsébetváros

El céntrico distrito VII es, *de facto,* el barrio de la fiesta de Budapest, con un sinfín de *pubs* y bares. Se encuentran muchos de los bares ruina de Budapest, pero destaca **Szimpla Kert** (p. 124). **Gozsdu Udvar** (p. 121) es un largo pasaje con bares y discotecas, siempre lleno de vida.

Bartók Béla út Cerca de la colina de Gellért, en el distrito XI, Bartók Béla út es la zona más animada de Buda, con cafés, *pubs* y bares molones, pero es mucho más tranquila y más de barrio que Erzsébetváros.

Cervecerías Budapest cuenta con una selección infalible de cervezas locales que vale la pena probar. Lo primero sería ir a **Élesztőház** (p. 137).

Conciertos Budapest Park es uno de los principales espacios para conciertos de la ciudad, pero solo abren en temporada. También está el **A38** (p. 60), en un carguero ucraniano retirado de servicio, que programa algo casi cada noche.

CUÁNTO CUESTA

Taza de café
500-1500 HUF

Desayuno en un café
1500-3000 HUF

Pinta de cerveza
600-2200 HUF

Kürtőskalács (pastel de chimenea)
800-1500 HUF

Lángos (masa frita)
1000-2000 HUF

Copa de vino
800-1800 HUF

Comida en un restaurante
3000-8000 HUF

Comunidad LGTBIQ+

Aunque Budapest tiene una escena gay sólida, la actitud del país en cuestiones LGTBIQ+ está desfasada con respecto a otras partes de Europa.

Una mentalidad anticuada

Comparada a los países de Europa occidental, la escena LGTBIQ+ de Hungría tiene un largo camino por recorrer. El Gobierno apuesta por una agenda pública conservadora y cristiana y aún decreta leyes anti LGTBIQ+, mientras persisten las actitudes negativas de las generaciones más mayores.

Las generaciones más jóvenes suelen ser más abiertas, amables y tolerantes, y Budapest disfruta de un ambiente gay animado y diverso, con bares, eventos y fiestas. Aunque la ciudad no tenga un "barrio gay" como otras capitales europeas, los bares no discriminan a nadie, y algunos son específicamente *gay-friendly* y programan espectáculos de *drag queens* o bingos *drags,* entre otros.

BUDAPEST PRIDE

El Budapest Pride de junio es el mayor acontecimiento LGTBIQ+ del año en Hungría. El colorido desfile desemboca en el fiestón Rainbow Party en Budapest Park.

Por día de la semana

LU Gólya Presszó Centro comunitario joven y de espíritu libre.
MA Gaby's Intentar asistir a un evento, como Taco Tuesday.
MI Why Not Bar *gay-friendly* junto al río.
JU Tuk Tuk Bar Cócteles en el Casati Budapest Hotel.
VI CoXx Disfrutar del "Horny Friday" en el único club gay de *cruising* de la ciudad.
SA Alterego Bailar en la principal discoteca gay de la ciudad.
DO Habroló Música de piano en directo.

DESMELENARSE

K!NK es un evento *techno underground* LGTBIQ+ con modelitos extravagantes y sin fotos. Escanea este código QR para conocer las próximas fiestas.

Recursos

● **Family Is Family** Iniciativa civil para concienciar de la situación de las familias gais: *acsaladazcsalad.hu* ● **Háttér Society** Línea directa de atención a la comunidad LGTBIQ+ y actualizaciones: *en.hatter.hu* ● **Labrisz** Escena lesbiana de la ciudad: *labrisz.hu*

Salud y seguridad

Budapest es una ciudad muy segura, pero no está de más prepararse un poco antes de partir.

AGUA

El agua del grifo es potable y de muy buena calidad, según los estándares de la UE. Si se quiere probar agua termal rica en minerales, con poderes curativos según los húngaros, hay que ir a las fuentes de agua potable de los baños **Széchenyi, Rudas** o **Lukács.**

Drogas

Hungría tiene una de las legislaciones sobre drogas más duras de la UE, y aplica la misma ley para todas las drogas (igual para heroína y cánnabis). Comprar, consumir y poseer drogas ilegales es un delito, y eso sirve tanto para los extranjeros como para los húngaros. Conviene evitar a los vendedores de sustancias dudosas en el barrio de la fiesta de Budapest (centro de Erzsébetváros).

Transporte

No se puede comer ni beber en el transporte público, salvo en circunstancias especiales como en casos de enfermedad u ola de calor.

A TENER EN CUENTA

Seguridad

En Budapest no suelen producirse delitos menores, pero no hay que bajar la guardia.

Privacidad

Fotografiar a gente en la calle sin su permiso es técnicamente ilegal.

Baños termales

Se desaconseja el baño en agua termal a mujeres embarazadas y menores de 14 años.

Fumar

Hungría tiene leyes estrictas sobre fumar y vapear, prohibidos ambos en espacios públicos cerrados, estaciones de transporte público y parques infantiles. Solo se puede comprar productos relacionados con el tabaco en los estancos nacionales de tabaco (los Nemzeti Dohánybolt). Los vapeadores desechables Elf Bar son ilegales.

— TIMOS —

Hay que evitar a aquellos que venden cosas de forma agresiva en la calle. Si una máquina de venta de billetes de transporte no devuelve el cambio, conviene comprobar si hay cinta adhesiva en la ranura de devolución de monedas.

Turismo responsable

Consejos para dejar menos huella, apoyar los comercios locales y tener un impacto positivo en las comunidades.

Reciclar

Al comprar una botella de plástico o latas, se pagará un depósito de 50 HUF –se verá "50Ft" rodeado de flechas en la etiqueta–. Una vez vacías, se pueden devolver en las máquinas que hay en las tiendas más grandes de Budapest, y se recibirá un vale para utilizar como descuento si se compra en la tienda o para la devolución del depósito en efectivo.

Sin papel

En la *app* **BudapestGO** *(go.bkk.hu)* se puede comprar y almacenar todos los billetes y abonos para el transporte público de la ciudad y prescindir así del papel.

IMPRESCINDIBLE ★

Premier Kultcafé

El bonito **Premier KultCafé** *(premiercafe.hu)* es un café, panadería y cine todo en uno que restituye a la comunidad y emplea a personas con *discapacidades.es.*

A pie o sobre ruedas

Es muy fácil moverse a pie por Budapest, pero se puede ir a las atracciones más destacadas en transporte público. También hay muchos sitios que alquilan bicicletas, o se puede utilizar la red municipal de bicicletas compartidas, las verdes **MOL Bubi.** En toda la ciudad hay estaciones donde obtener y dejar las bicicletas.

Recursos

- **bikemaffia.com** Organización filantrópica sobre ruedas.
- **worldpackers.com** Web internacional con oportunidades para voluntarios.
- **budapestinfo.hu** Información actualizada y práctica sobre Budapest.

ALIMENTOS DE KM 0

Budapest cuenta con bonitos mercados como **Nagycsarnok** (p. 133) y el **mercado de Rákóczi tér** (p. 133), lleno de productos frescos y exquisiteces locales. Los domingos se instala un mercado agrícola en **Szimpla Kert** (p. 124).

Compras de segunda mano

Budapest es un verdadero cofre de objetos de segunda mano. **Ecseri Piac** (p. 135), en las afueras de la ciudad, es un muy buen sitio donde buscar tesoros, sean estos muebles, arte, numismática, joyería o recuerdos comunistas.

Los fines de semana, se monta un mercadillo en **Gozsdu Udvar** (p. 121), con joyas, carteles, bolsos y toda suerte de chucherías.

FUENTES DE AGUA POTABLE

Se puede rellenar la botella con agua potable y fresca en las fuentes de Budapest y evitar así el plástico. **Escanea este código QR para encontrar la fuente más cercana.**

El cambio climático y los viajes

Es imposible ignorar el impacto de nuestros viajes y la importancia de hacer cambios. Lonely Planet anima a todos los viajeros a involucrarse en su huella de carbono. Muchas webs de líneas aéreas y sitios de reservas ofrecen la opción de compensar el impacto de los gases de efecto invernadero realizando donaciones para iniciativas respetuosas con el clima en todo el mundo.

Accesibilidad

Transporte público

El transporte público de Budapest es, en su mayor parte, accesible. Las líneas principales de autobuses y tranvías en el centro urbano cuentan con vehículos de piso bajo; hay autobuses equipados con rampas. La M3 y la M4 son totalmente accesibles, la M2 lo es parcialmente, y la M1 no está adaptada. Más información en la *app* BudapestGO.

Turismo accesible

La mayoría de las atracciones principales están totalmente adaptadas. Las calles adoquinadas del distrito del Castillo quizá sean un poco complicadas, pero el Bastión de los Pescadores, la iglesia de Matías y la Galería Nacional de Hungría son accesibles.

TRANSPORTE GRATIS

El transporte público es gratis para los mayores de 65 años, siempre y cuando puedan demostrar su edad con un documento.

Darse un chapuzón

De los preciosos baños históricos de Budapest, **Gellért** (p. 52), **Rudas** (p. 58), **Lukács** (p. 73) y **Széchenyi** (p. 139) son accesibles. Hay cuartos de baño y vestuarios adaptados, y piscinas con elevadores.

IMPRESCINDIBLE

Cerca de la estación de Arany János de la M3 y de la céntrica Deák tér, la **basílica de San Esteban** (p. 92) cuenta con una entrada adaptada a personas con movilidad reducida y disfruta de un ambiente tranquilo y contemplativo que es ideal para personas que prefieran espacios tranquilos y menos concurridos. Sus pasillos son anchos y un ascensor sube a la cúpula donde se puede disfrutar de unas vistas de 360º. Cerca hay muchos restaurantes y cafés accesibles.

ALOJAMIENTO

Los hoteles económicos no siempre están adaptados, pero los más nuevos y grandes suelen estarlo. Muchos edificios de pisos de Budapest tienen ascensores y rampas, pero hay Airbnb que no son accesibles.

Recursos

● **Federación Húngara de Asociaciones de Personas con Discapacidades** *(meosz.hu)* Organización paraguas con información útil para personas con discapacidades.

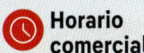

Lo esencial

Horario comercial

Puede cambiar según la época del año y la ubicación (centro urbano o afueras). El normal es de 8.00 a 17.00. Las empresas y las oficinas gubernamentales suelen cerrar antes los viernes por la tarde.

Bancos 8.00-16.00 (lu-vi); algunos cierran más pronto los viernes

Bares 16.00-hasta tarde

Museos 10.00-18.00; muchos cierran los lunes

Restaurantes 10.00-22.00; los lugares para desayunar abren más temprano

Centros comerciales 10.00-21.00

Supermercados 7.00-19.00, 20.00 o 21.00; algunos cierran antes los sábados y no abren los domingos

---

A TENER EN CUENTA
Zona horaria GMT/UTC +1
Prefijo telefónico de la ciudad +36
Emergencias 112
Población 1,7 millones de hab.

ELECTRICIDAD
230V/50Hz

Nyitva Abierto

Zárva Cerrado

Fiestas oficiales

Las tiendas, bancos y oficinas públicas y privadas cierran durante las **fiestas nacionales** (*Nemzeti Ünnep*). Si un día festivo cae en martes o jueves, el lunes o viernes pasan a ser puente, y el sábado anterior o posterior se convierte en día hábil.

Año Nuevo 1 de enero

Día de la Conmemoración de la Revolución de 1848 15 de marzo

Semana Santa Marzo/abril

Día del Trabajo 1 de mayo

Lunes de Pentecostés Mayo/junio

Fundación del Estado 20 de agosto

Día de la Conmemoración de la Revolución de 1956 23 de octubre

Día de Todos los Santos 1 de noviembre

Navidad 25-26 de diciembre

Lavabos públicos
En Budapest no solo escasean sino que suelen estar sucios. En restaurantes, cafés y bares, solo son para los clientes.

153

💬 Idioma

💬 Frases útiles

Lo básico

Hola.

Szervusz.

Adiós.

Viszont-látásra.

Si.

Igen.

No.

Nem.

Por favor.

Kérem.

Gracias.

Köszönöm.

De nada.

Szívesen.

Disculpe.

Elnézést kérek.

¿Habla inglés?
Beszél angolul?

(No) Lo entiendo.
(Nem) Értem.

Me gustaría un/una...   Szeretnék egy...
   cerveza.   sör
   (taza de) café.   (csésze) kávé
   copa de vino.   pohár bor

Puede traer la cuenta, por favor.
Kérem, hozza a számlát.

¿Cuánto cuesta esto?
Mennyibe kerül ez?

¿Dónde están los lavabos?
Hol a véce?

¿Podría hablar más despacio, por favor?
Tudna lassabban beszélni, kérem?

¿Dónde hay un cajero automático?
Hol van egy bankautomata?

¿Podría traer un recibo, por favor?
Kaphatnék egy nyugtát, kérem?

Números

1	2	3	4	5
egy	kettő	három	négy	öt

Información útil

El húngaro puede parecer un idioma desalentador con sus palabras largas y su curiosa acentuación, pero es sorprendentemente fácil de pronunciar.

Cuando dos mujeres o un hombre y una mujer se conocen, pueden darse un beso en cada mejilla. Los familiares también se suelen dar besos. No obstante, los hombres se dan la mano. Si los anfitriones o amigos se disponen a dar un beso al viajero, primero hay que poner la mejilla izquierda. Un saludo educado de los niños a los adultos, o de los hombres a las mujeres, es: **Beso tu mano** –*Kezét csókolom–*, aunque es algo que no se llega a hacer.

EMERGENCIAS

¡Ayuda! Segítség!

¡Llame a la policía!
Hívja a rendőrséget!

¡Llame a un médico!
Hívjon orvost!

Me he perdido.
Eltévedtem.

Estoy enfermo.
Rosszul vagyok.

Si se escucha

Adja ide az útlevelét.
El pasaporte, por favor.

Törölve.
Cancelado.

Señalización

Bejárat Entrada

Kijárat Salida

Férfiak Hombres

Nők Mujeres

Nyitva Abierto

Zárva Cerrado

Információ Información

Mosdó Lavabos

Repülőtér Aeropuerto

Tilos a dohányzás
Prohibido fumar

―――――――― **SALUDOS** ――――――――

Los húngaros se dan la mano y dicen el nombre completo cuando se presentan por primera vez: primero el apellido y después el nombre de pila. Cuando ya tienen más confianza, se les puede llamar por su nombre de pila.

―――――――――――――――――――――

6 hat

7 hét

8 nyolc

9 kilenc

10 tíz

Índice

157

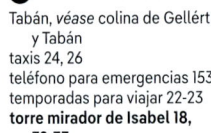

Comer

La opinión del lector

Nos encanta escuchar a los viajeros, ya que con sus comentarios nos ayudan a mejorar nuestros libros. Podéis escribirnos a lonelyplanet.com/contact; leemos todos los mensajes y garantizamos que estos lleguen a los autores.

Nota: Es posible que algunos fragmentos de estos mensajes aparezcan en nuevas ediciones de las guías Lonely Planet, en la web o en productos digitales. Si preferís que vuestro contenido o nombre no sean publicados, por favor, indicadlo claramente. Para obtener una copia de nuestra política de privacidad, podéis visitar lonelyplanet.com/legal.

geoPlaneta
Av. Diagonal 662-664, 08034 Barcelona
www.geoplaneta.com – www.lonelyplanet.es

Lonely Planet Global Limited
Lonely Planet Global Limited, Digital Depot,
The Digital Hub, Dublín D08 TCV4, Irlanda
www.lonelyplanet.com
Contacta con Lonely Planet en: lonelyplanet.com/contact

Budapest de cerca
3ª edición en español – septiembre del 2025
Traducción de *Pocket Budapest*, 6ª edición –
julio del 2025
© Lonely Planet Global Limited
1ª edición en español – enero del 2020

Editorial Planeta, S.A.
Av. Diagonal 662-664, 7º. 08034 Barcelona (España)
Con la autorización para la edición en español de Lonely
Planet Global Limited, Digital Depot,
The Digital Hub, Dublín, D08 TCV4, Irlanda

© Textos y mapas: Lonely Planet, 2025
© Fotografías: según se relaciona en cada imagen, 2025
© Edición en español: Editorial Planeta, S.A., 2025
© Traducción: Ton Gras Cardona, 2025

ISBN: 978-84-08-30627-6
Depósito legal: B. 6.905-2025
Impresión y encuadernación: Unigraf
Printed in Spain – Impreso en España